세상을 이기는 아이들

세상을 이기는 아이들
크리스천 대안학교 이야기

지은이 | 양희욱

1판 1쇄 인쇄 | 2007. 12. 11.
1판 2쇄 발행 | 2008. 1. 24.

펴낸곳 | (주)북이십일_21세기북스
펴낸이 | 김영곤
본부장 | 정성진
기획/편집 | 이상우/한세정
마케팅/영업 | 박효진 주명석 허준영 이시몬 이승희/ 윤지환 최창규 서재필 도건홍 정민영
디자인 | 디자인플랫

등록번호 | 제10-1965호
등록일자 | 2000. 5. 6.

주소 | (우 : 413-756) 경기도 파주시 교하읍 문발리 파주출판문화정보산업단지 518-3
전화 | (031)955-2100(대)
팩스 | (031)955-2122
이메일 | book21@book21.co.kr
홈페이지 및 커뮤니티 | http://www.book21.co.kr http://cafe.naver.com/21cbook

값 10,000원
ISBN 978-89-509-1308-3 13230

크리스천 대안학교 이야기

세상을 이기는 아이들

양희욱 지음

21세기북스

| 프롤로그 |

발칸 산맥에서 피어난 장미 같은 아이들

이 시대를 살고 있는 아이들에게 과연 우리는 '착하고 순수하게 살아야 한다. 미래는 밝단다' 라고 이야기할 수 있을까? 절대 남을 믿지 말고 누가 너를 때리거든 두 배로 갚아주라고 가르치는 것이 훨씬 현실적인 조언이 아닐까? 그러나 폭력엔 폭력으로, 차별엔 똑같은 차별로 대응하는 것이 위험에서 벗어나는 방법은 아니다.

이 세상에는 수많은 고급 브랜드의 향수가 있지만, 세상에서 가장 향기로운 향수는 바로 발칸 산맥의 장미에서 나온다. 발칸 산맥의 장미를 얻어내는 때는 가장 춥고 어두운 시간인 자정에서 새벽 2시경인데, 장미는 한밤중에 가장 향기로운 향을 뿜어내기 때문이다.

이 책에 담긴 여덟 개의 기독교 대안학교들의 이야기는 희망을 잃어가는 우리의 교육 현실에서 피어난 발칸 산맥의 장미와도 같다.

이 책의 원고를 작성하기 위해서 다양한 학교들을 탐방한 시간들은 어쩌면 우리 사회에 아주 깊이 뿌리내린 교육에 대한 편견과 오해에 맞서는 여정이었다. 나 역시도 내 학창시절에 대해 갖고 있던 이런 저런 기억들과 싸워야 했다.

이 책에 실린 학교의 아이들은 진실에 눈을 뜨고 깨달음을 얻고, 삶에 대한 태도를 긍정과 희망으로 바꾸고 있다. 배움과 삶, 그리고 믿음 가운데서 교사와 학생이 머리부터 가슴까지 하나 되는 이 놀라운 학교 이야기는, 세상에 있는 편견과 위선, 차별과 온갖 폭력을 이겨내기 위해 우리가 어떻게 해야 하는지를 보여주는 비전의 가이드가 되고 있다.

이 책에 나오는 학교들은 하나같이 불의에 대처하는 방법을 바꿈으로써 불의를 극복하고, 사랑과 진정한 용기와 빛나는 희망을 얻을 수 있음을 가르쳐주고 있다. 극복할 수 없을 것 같던 절망의 터널에서 한 걸음 한 걸음 힘겹게 빠져나온 아이들의 진심어린 고백을 통해 지금 우리 아이들에게 정말 필요한 교육이 무엇인지에 대해 생각하고 고개를 끄덕이게 한다. 또 이들은 진실에 눈을 뜨고, 상처를 극복해낸 자신들의 경험을 다음 세대에 전하기 위한 새로운 여행을 시작하고 있다고도 이야기한다.

"세상이라는 파도가 우리들을 뒤덮을지라도 우리는 깨어있기만 하면 되요. 왜냐하면 예수님이 우리 옆에 항상 계시니까요." 라는 아이들의 고백은 추위와 어두움, 외로움을 뚫고 피어난 장미가 그러하듯 진한 향기를 뿜어내고 있다.

끈기와 집념으로 포기하지 않고 세상을 이기며 가슴에 꿈을 품고 가장 아름다운 향기를 진동하고 있는 이 아이들은 21세기 대한민국과 세계를 두 손에 쥔 글로벌 리더로 성장하고 있다.

이 아이들과 이 땅의 모든 기독교 대안학교 위에 하나님의 놀라운 은혜가 함께하길 기도하며, 요한복음 16장 33절 말씀으로 이들의 앞날을 축복하고 싶다.

이것을 너희에게 이르는 것은
너희로 내 안에서
평안을 누리게 하려 함이라
세상에서는 너희가 환난을 당하나
담대하라
내가 세상을 이기었노라

2007년 12월 양희욱

차례

꿈의 학교

사랑으로 세상을 품는
꿈쟁이들이 모인 학교

영암에서 장성까지 110km, 초등학생까지는 짐을 들지 않지만 중학생부터는 각자 5kg의 짐을 짊어져야 한다. 아마 혼자였다면 어린 학생들이 결코 완주할 수 없는 거리였을 것이다.

발에는 물집이 터지고 온몸이 욱신욱신해서 아침에 눈을 뜨기조차 힘들었지만 그들 곁에는 서로가 있었고 마음속에는 주님이 계셨다.

• 홈페이지 : http://www.dreamschool.or.kr
• 전화번호 : 041-681-3417
• 주소 : 충남 서산시 대산읍 영탑리 5-36

첫 번째 이야기

늦은 밤, 교복도 갈아입지 못한 채 노란 학원 차에서 우르르 내리는 중고생들을 바라본다. 무거운 가방을 고쳐 매고 지친 발걸음을 떼는 아이들에게 꿈이 뭐냐고 물으면 어떤 표정을 지을까?

눈을 깜박거리며 어제 밤 꿈이 뭐였는지 기억해내려 애쓸지도 모르고, 어쩌면 일단 대학부터 들어간 다음에 생각해보겠다고 퉁명스럽게 대답할지도 모르겠다.

하지만 학생들이 하루하루 꿈이란 단어를 품고 꿈을 향해 한 걸음씩 내딛는 학교가 있다. 충남 서산시 대산읍 일대 6만여 평의 아름다운 자연 속에 자리 잡은 '꿈의 학교'가 그곳이다. 꿈의 학교는 운영 주체인 국제사랑의봉사단의 설립 이념을 이어받아 그리스도의 사랑으로 인류를 섬기며 세상을 변화시키는 지도자를 양육하자는 취지로 세운 기독교 대안학교다. 인성 교육과 함께 탁월한 교육 프로그램으로 입소문이 퍼지고 이제는 인기 학교로 자리 매김해서 전국에서 입학 문의가 끊이지 않는, 입학 경쟁률도 높은 학교이다. 왜 많은 도시 학생들이 산 속 깊은 곳에 숨어 있는 이곳 꿈의 학교에 이끌리는 것일까?

이루리 양 꿈을 이루다

꿈의 학교에서 5년을 지내고 갓 한동대학교에 입학한 이루리 학생을 만났다. 아직은 고등학생 티를 채 벗지 못한 앳된 모습이었지만 왠지 모를 당당함이 느껴지는 대학 새내기였다.

- 졸업 한 지 얼마 안 됐는데 대학생이 된 게 실감이 나나요?

"저 졸업식 때 정말 많이 울었어요. 요즘에 고등학교 졸업하면서 우는 친구들 별로 없잖아요. 물론 기숙사 생활하면서 정들었던 친구들과 헤어지는 것도 슬펐지만 그보다는 좋은 추억이 밀려와서 울컥 눈물이 나왔어요."

- 그런데 '이루리'는 별명인가요?

"그건 제 '꿈이름'이에요. 진짜 이름은 최은경이고요. 꿈의 학교의 학생들은 모두 꿈이름이 있답니다. 자기가 직접 고심해서 예쁘고 의미 있는 이름을 짓고요, 다른 사람들이 이름 앞에 붙여서 불러줘요. '맑은' 누구, '큰 사람' 누구 이렇게요. 교장 선생님은 '의로운' 김의환 교장 선생님이시고요, 교감 선생님은 '꿈지기' 이종삼 선생님이세요. 모두 자기한테 어울리는 이름을 갖고 있고 또 그 이름을 점점 닮아가는 것 같아요. 저는 요한복음 15장 7절, '너희가 내 안에 거하고 내 말이 너희 안에 거하면 무엇이든지 원하는 대로 구하라 그리하면 이루리라'라는 말씀을 좋아해서 '이루리'라고 지었고 5년 동안 이루리로 불렸어요. 또 우리 학교 학생들은 서로 존댓말을 쓰려고 노력한답니다. 처음에는 좀 어색했는데 모두 그렇게 하니까 금방 적응이 되더라고요. 존댓말을 하니 험한 말은 꿈도 못 꾸고요. 선후배 관계없이 서로를 존중하게 되요."

- 꿈의 학교가 본인에게 어떤 도움을 주었다고 생각해요?

"저는 누가 물어보지 않아도 괜히 꿈의 학교 시절 이야기를 꺼내서 은근 슬쩍 자랑하곤 해요. 꿈의 학교에서 보낸 학창 시절이 제 대학 생활에, 나아가서 제 인생에 중대한 영향을 미치고 있다고 자신 있게 말할 수 있습니다. 다른 졸업생들도 마찬가지일 거예요.

꿈의 학교에서 하나님과의 관계와, 하나님과 기도로 교제하는 삶이 얼마나 중요한지 깨달았어요. 또 함께 기숙사 생활을 했던 꿈의 학교 친구들이 지금도 든든한 힘이 되요. 이제는 각자 다른 장소로 흩어졌지만 언제든 마음을 열고 전화할 수 있고 함께 기도 제목을 나눌 수 있는 동역자가 있다는 게 얼마나 감사한지 몰라요."

- 대학 생활의 포부가 있다면요?

"'코람데오' 라는 말이 히브리어로 '여호와 앞에서' 란 뜻인데요, 항상 꿈의 학교에서 이 말을 썼어요. 하나님 앞에서 양심을 지키고 성실히 행할 것을 고백하는 거죠. 또 나를 통해 다른 사람들이 그리스도를 읽을 수 있는 것, 그것이 궁극적인 제 꿈이고 이 꿈에 가까이 가기 위해 도전하고 노력하려고 해요.

한동대학교에서도 하나님의 은혜로 제가 빛을 발하고 성장하

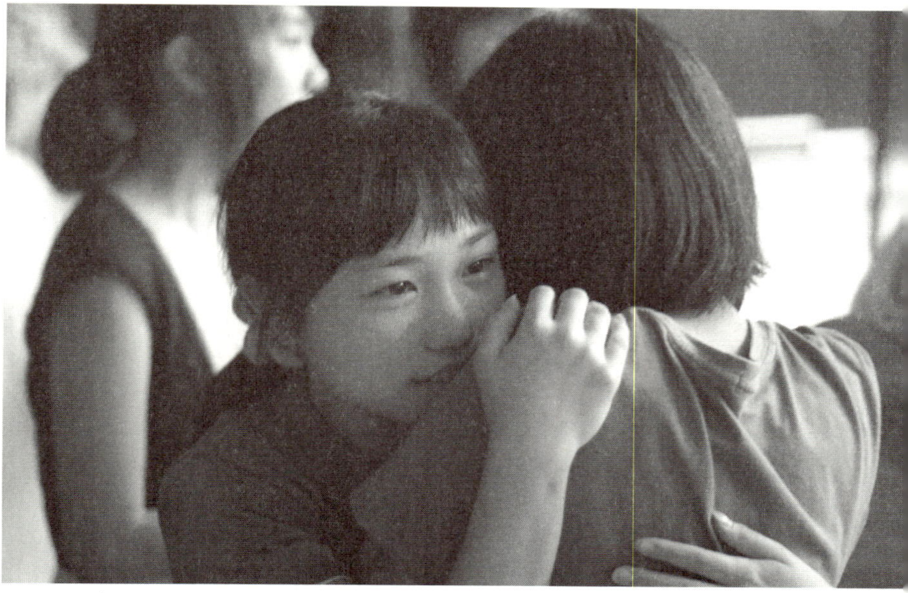

꿈의 학교에서 만난 친구들은 졸업 후에도 언제든 마음을 열고 고민을 나눌 수 있는 든든한 동역자다.

는 시간이 될 것이라 믿어요. 꿈의 학교에서 배우고 성장했던 것처럼 한동대학교에서도 많은 것을 배우고 경험할 수 있도록 기도하고 있습니다."

독서 수업으로 꿈의 날개를 펼치다

설립자인 황성주 박사는 인격과 비전뿐만 아니라 실력을 겸비한 인재를 키우기 위해 이 학교를 설립했다고 한다. 모두가 인정하는 실력을 갖추지 않으면 세상의 리더로서 당당하게 활약하기가 어렵다. 그러나 꿈의 학교에서 실력을 키우는 방식은 입시 위주, 암기 위주의 공부를 강조하는 일반 학교와는 확연히 다르다.

꿈의 학교가 채택하고 있는 학습 방법은 이곳에서 자체 계발한 '꿈의 학습' 프로그램이다. 이 학습 프로그램을 토대로 구성한 교육과정은 기존 학교에서 찾아볼 수 없는 독특한 특징을 지니고 있다.

꿈의 학교 졸업생인 김예스라 학생은 말한다.

"꿈의 학교는 말 그대로 꿈만 같은 공간이었어요. 저의 중·고등학교 시절은 무엇과도 바꿀 수 없는 소중한 추억이고 제 인생의 무엇과도 바꿀 수 없는 일부죠. 특히 그곳의 시간을 더욱 특별하게 만들어준 것은 독서 교육이었습니다. 정말 우리 학교에서만 하기에는 너무나 아까운 수업이에요. 그냥 '수업'이 아닌, 제 삶

꿈의 학교 학생들은 졸업할 때까지 자서전, 논문과 같은 다양하고 깊이 있는 글쓰기 활동을 한다.

을 서서히 바꾸어준, 또 제게 행복을 가져다준 소중한 시간이었습니다."

꿈의 학교는 무엇보다 독서 수업으로 정평이 나 있다.

일반 학교 학생들의 가방에 교과서와 참고서가 가득 들어 있다면 꿈의 학교 학생들의 가방에는 좋은 소설책이 한 권 들어 있다. 꿈의 학교 학생들의 교재는 세상의 모든 책들이라고 할 수 있다. 이들은 교과서에서 다루고 있지 않은 다양한 분야의 책을 읽음으로써 지적 소양과 사고력을 끌어올린다.

물론 책만 읽고 끝나는 것이 아니라 책과 관련한 과제도 만만치 않다. 먼저 일주일에 한 번씩 책 한 권을 읽고 토론을 해야 한다. 또한 각 학년마다 연구 주제가 주어지면 학생들은 주제에 맞는 책을 읽고 다양한 자료를 수집하여 소논문을 쓴다. 또한 졸업 전까지 자서전을 완성하고 효과적인 공부 방법에 대한 책과 성경에 관한 논문도 써야 한다.

꿈의 학교의 자랑, 독서 수업을 찾았다.

"코람데오! 하나님 마음 앞에서 양심을 지키며 성실히 행할 것을 다짐합니다."

모든 학생들이 이렇게 외치며 수업을 시작한다. 교실 풍경이 어딘지 모르게 낯설다. 열한 명의 학생들이 둥그렇게 원을 만들어 앉아 있다. 교사가 학생들 사이에 앉아 있고 학생이 앞에 서 있는 모습이 인상적이다.

오늘의 진행자는 박꽃님 학생, 오늘 토론할 책은 미하엘 엔데의 『모모』다.

박꽃님 학생은 교사 못지않은 똑 부러지는 목소리로 독서 수업을 이끈다.

"『모모』는 시간에 관한 책입니다. 현대인들은 급박하게 돌아가는 사회에서 항상 시간에 쫓기는 기분으로 살고 있는데요, 이 책은 바쁘게 살아가며 꿈을 잃어가는 현대인들에게 가장 중요한 것이 무엇인지 일러주고 있습니다. 주인공 모모는 달력이나 시계가 말해주는 물리적인 시간에 지배받지 않고 스스로 시간을 지배하는 법을 소개합니다.

그럼 개인적인 측면에서 시간이란 무엇인지 정의해보겠습니다. 발표하실 분?"

씩씩해보이는 인식이가 가장 먼저 손을 들었다.

"시간은 인간에게 주어진 선물이며 되돌릴 수 없는 것입니다."

"시간이란 좋은 일을 할 때는 인식하지 못하지만 하기 싫은 일을 할 때는 아주 지루하게 느껴지는 거예요."

선희가 그 뒤를 잇는다.

박꽃님 학생은 다시 질문을 던진다.

"『모모』에서 시간을 되찾게 된 사람들은 시간에 대해 어떤 점을 깨달았나요?"

진수가 대답한다.

"짧은 시간 안에 무엇을 하는 게 중요한 것이 아니고 의미 있는 시간을 보내는 것이 중요하다는 거요."

이제 박꽃님 학생이 책의 주제를 실제 신앙 생활에 적용해보려고 한다.

" 만약 책에서처럼 무엇이든 볼 수 있는 요술 안경이 있다면 무엇을 보고 싶은지 말해보겠습니다."

요술 안경은 아니지만 뿔테 안경을 쓴 영표가 번쩍 손을 든다.

" 전 영적 세계를 보고 싶습니다. 예수님도 만나고 싶고요. 천사와 마귀들도 보고 이 세상에서 영적 전투가 얼마나 치열한지 직접 눈으로 확인한 다음에 크리스천들에게 알리고 싶어요. 그래서 예수님이 오실 그 날을 현명하게 준비하고 싶습니다."

꽃님이는 이제 책과 함께 가져온 성경을 들어 보인다.

"이 책의 주제와 관련 있는 성경 말씀을 직접 찾아보신 분 있으신가요?"

"로마서 14장 6절이요. 우리가 날을 경히 여기는 자로 주를 위하여 중히 여기고."

"네. 그렇습니다. 저는 크리스천으로서 이 책을 통해 성실함과 분주함, 게으름과 안식의 차이 및 기준에 대해 배웠고 그것에 대해 여러분들의 의견을 듣고 싶어요. 먼저 제 의견을 말씀드릴게요. 크리스천에게는 각 사람마다 하나님께서 주신 소명이 있습니다. 또한 성실함은 일 하나를 하더라도 최선을 다하는 것이고 분주함은 급하지만 실속 없는 것을 나타내죠. 게으름은 해야 할 일을 뒤로 미루는 것이지만 안식은 편히 쉬는 것이죠."

45분간의 열띤 토론을 마치고 수업이 끝날 무렵 학생들은 한목소리로 외친다.

"코람데오! 하나님 마음 앞에서, 세상이 나를 통해 그리스도를 읽게 하소서."

내가 상상한 독서 수업은 학생들이 돌아가면서 책에 대한 감상을 말하는 것 정도였다. 그러나 꿈의 학교의 독서 수업은 그보다 한층 적극적이었고 토론도 깊이가 있었다. 또한 독서 토론에서 끝나지 않고 그와 관련한 성경 말씀을 찾아보고 기독교인의 바른 자세를 배우려는 태도가 매우 진지했다. 학생들의 성경에 대한 지식도 매우 풍부하다는 것을 알 수 있었다.

그리고 조금도 쭈뼛거리지 않고 손을 번쩍 들고 의견을 말하고 또 다른 친구들의 발표를 경청하는 학생들의 모습 또한 매우 인상적이었다.

수업을 마친 학생들은 느낌 중심형, 일기형, 논술 문형, 시 중심형, 편지형, 신문기사형, 광고형 등 다양한 감상문을 써서 제출한다.

매주 한권의 책을 읽고 토론을 하며 감상문을 쓰는 꿈의 학교 학생들은 어떤 논술학원에서도 배우지 못하는 사고력을 키우고 있었다.

✣ 꿈의 학교가 추구하는 전인교육

영 성	그리스도의 삶 닮기
체 성	건강한 사람 되기
감 성	풍요로운 사람 되기
지 성	지혜로운 사람 되기
관계성	따뜻한 사람 되기
전문성	문제 해결사 되기
지도성	영향력 있는 사람 되기

꿈꾸는 자여, 일어나 조국을 걷자

비가 주룩주룩 오는 가운데 학생들이 우비를 입은 채 길게 줄을 서서 묵묵히 걷고 있다.

"야, 그래도 해가 쨍쨍한 것보다는 낫지 않니?"

조장인 슬아가 열두 명의 조원들을 위로한다.

오늘은 꿈의 학교에서 빼놓을 수 없는 행사인 '국토사랑 행진'의 5박 6일 가운데 두 번째 날이다.

꿈의 학교 학생들에게 꿈의 학교 하면 가장 먼저 생각나는 것이 무엇인지 물으면 열 명 중에 두세 명은 '국토(국토사랑 행진의 준말)'라고 대답한다. 그만큼 국토사랑 행진에 대한 기억이 생생하게 남아 있다는 뜻이 될 것이다. 2004년에는 제주 땅을 밟았고 2005년에는 전남 영암에서 장성까지 총 110km를 걸었다.

오늘 학생들이 걷게 될 구간은 전라남도에 위치한 동신대에서 출발해서 나주부터 광주까지 이르는 29km. 초등학생까지는 짐을 들지 않지만 중학생부터는 각자 5kg의 짐을 짊어져야 한다. 거의 군인들의 행군을 방불케 하는 강도 높은 훈련이다. 비가 와서 짐은 더 무겁게 느껴지고 목적지는 멀게만 보인다.

"빗물 때문에 발이 불었어. 물집도 계속 생겼다가 터지고. 이 신발은 신고 오는 게 아니었는데. 처음이라 나도 몰랐어."

걸을 때마다 슬아의 발바닥에 쓰라린 통증이 더해진다. 다른 아이들의 얼굴에도 힘든 기색이 역력하다. 슬아와 아이들의 시야를 가리는 것이 빗물인지 눈물인지 구분이 되지 않는다.

이때 슬아는 오직 한 분의 이름만을 간절히 부른다.

"주님, 제발요. 주님, 끝까지 걷게 해주세요. 우리 조원들 중에 한 명도 낙오자가 생기지 않도록 도와주세요."

중얼거리며 기도하던 슬아가 갑자기 크게 소리친다.

"너희들 포기할래? 아니지? 우리 파이팅 한 번만 외치고 다시 걷자! 파이팅! 우리 조원 모두 완주하는 거야."

그렇게 한 시간 정도 흘렀을까. 뒤따라오던 같은 조의 중학교 1학년 남학생 창식이가 '픽' 하고 쓰러진다. 탈진한 것이다. 응급대원들이 창식이를 둘러싼다.

"창식아, 괜찮니? 너무 힘들면 여기서 그만 할래?"

"아니에요. 조금만 쉬었다 갈게요."

눈을 감은 창식이의 입에서 희미한 대답이 흘러나온다.

중간에 가끔 포기할 수밖에 없는 아이들도 있지만 이들도 최선을 다했기에 등을 두드려주며 위로한다.

물론 걷는 과정 자체는 길고 고통스럽다. 하지만 고통과 인내의 과정을 통해 새로운 나를 발견하는 것은 어디에서도 얻을 수 없는 값진 경험이다.

행진이 끝나고 '더 조'의 조장인 김슬아 학생을 만났다.

- 군인보다 더 많은 거리를 걷는 것 같은데요. 이 경험을 통해

'국토사랑 행진' 은 꿈의 학교에서 빼놓을 수 없는 행사다. 초등학생을 포함한 전교생이 100km가 넘는 거리를 함께 걷는다.

무엇을 얻었다고 생각해요?

"지금 생각하면 그렇게 끝까지 참고 걸을 수 있었던 것도 다 하나님의 놀라운 계획이 아니었나 싶어요. 체력적으로 많이 부족했는데 어디서 그런 힘이 났는지…….

그래도 우리 국토를 밟아본 것과 그렇지 않은 건 많은 차이가 있는 것 같아요. 뭐랄까, 우리나라를 더 친밀하게 알아간다는 느낌이랄까요?

또 우리 조의 조원들을 섬길 수 있었던 것이 가장 감사했어요. 진정한 리더십은 어느 상황에서건 사람들을 사랑하는 것이란 걸 배웠고요."

슬아의 말은 계속된다.

"솔직히 처음에는 이걸 해서 뭐하나 싶은 생각도 들었거든요. 하지만 한 걸음씩 내딛으면서 목적이 확실히 보였습니다. 공동체로부터 얻는 에너지, 나 자신의 한계를 뛰어넘는 인내, 또 개인적으로는 리더십도 배웠고요. 여러 모로 제게 꼭 필요한 훈련이었어요. 단지 훈련에만 머물지 않고 훗날 제가 리더가 되었을 때 이 모든 힘겨웠던 과정이 빛을 발할 날이 올 거라 믿습니다."

영암에서 장성까지 110km, 아마 혼자였다면 어린 학생들이 결코 완주할 수 없는 거리였을 것이다. 발에는 물집이 터지고 온몸이 욱신욱신해서 아침에 눈을 뜨기조차 힘들었지만 그들 곁에는 서로가 있었고 마음속에는 주님이 계셨다.

초청 강연회로 꿈을 다지다

꿈의 학교는 각 학기가 시작되거나 끝날 때에 학기별 세미나를 열고 학기 중에는 초청 토론을 통해 다양한 명사와 직접 만날 수 있는 기회를 제공한다. 특히 초청 토론은 사회 저명인사들을 직접 만나 강의만 듣는 것이 아니라 적극적으로 질문하고 토론하는 수업으로, 그 어디에서도 찾아볼 수 없는 독특한 수업 형태다.

마침 루스벨트 재단이 선정한 '127인의 공로자' 가운데 한 명이자, 2006년 '올해의 인권상'을 수상한 현 백악관 정책차관보 강영우 박사의 초청 토론이 열렸다. 실명의 고통과 사회적 편견을 이겨내고 아름다운 세상을 만들어가고 있는 믿음의 사람 강영우 박사가 꿈의 학교 학생들을 찾은 것이다.

"저는 열네 살에 실명이란 큰 아픔을 겪었습니다. 하지만 하나님은 시력 대신 행복하고 기적적인 삶과 박사라는 직업을 주셨지요. 저는 시각 장애인으로 최초로 미국 백악관의 장애인 정책 보좌관이 되었습니다. 사실 저는 선천적 시각 장애인이 아니라 중학교 때 축구공에 맞아 실명한 후천적 장애인이죠. 그러다 아버지, 어머니가 돌아가시고 저를 돌보던 누이마저 세상을 떠나고 말았습니다."

학생들은 점점 더 진지한 표정으로 강연을 듣는다.

"하지만 갖지 못한 한 가지를 불평하기보다 내가 가진 열 가지를 감사하자고 마음을 다잡았습니다. 연세대 문리대 교육학과를

강영우 박사의 강연을 듣고 난 후 한 학생이 만든 과제물.

나와, 미국 피츠버그대에서 3년 반 만에 박사학위를 받았지만 미국에서도 한국도 저를 받아주지 않았습니다. 그러던 중 하나님이 생각지도 못한 방법으로 저를 도우셨습니다. 1990년 당시 둘째 아들이 다니던 필립스 아카데미의 교장 선생님이 같은 학교 출신인 부시 전 미국 대통령에게 제가 쓴 책을 보낸 겁니다. 조지 부시 대통령은 저를 장애인의 세계적 귀감이라고 평가했고, 그때부터 부시 일가와 2대째 관계를 계속해오고 있습니다.

저는 저의 이러한 의지를 교육철학으로 활용해서 두 아들을 훌륭한 재원으로 성장시켰습니다. 현재 장남은 하버드 의대를 졸업

저명인사 초청 강연을 마치면 늘 학생들의 질의응답 시간이 뒤따른다.

해 안과 전문의로 제 눈을 치료해주고 있고 차남은 듀크 법대를 졸업해 변호사 겸 정치가로 미국의 주류 사회 속에서 열심히 일하고 있습니다.

잃은 것이 있으면 얻는 것이 있다고 하죠. 저는 시력을 잃고 훌륭한 아내와 아이들을 얻었습니다. 남들이 보지 못하는 '마음의 눈'을 얻어 이렇게 봉사하는 삶을 살고 있습니다."

박사님의 강연이 끝나고 토론 시간이 이어졌다.

정하은 학생이 손을 번쩍 들었다.

"박사님, 정말 실력과 리더십을 갖춘 사람이 무너져가는 사회를 회복할 수 있는 걸까요? 그렇다면 왜 세상은 끝없이 하나님을 외면하고 소돔과 고모라의 길을 걷고 있는 것일까요?"

"바로 하나님의 마음을 품는 자가 없기 때문입니다. 말씀 위에 바로 서서 하나님께서 나를 향해 외치고 계신 비전에 귀 기울이는 사람이 필요합니다. 하나님의 마음을 듣는 귀가 멀고, 그 꿈들이 자신의 야망과 욕심으로 변질된다면 결코 회복의 역사가 일어날 수 없습니다. 그러므로 그리스도를 믿는 자들은 더욱 깨어있어야 합니다.

솔로몬도 하나님의 지혜와 총명의 은사를 받았지만, 마음의 중심을 하나님으로 두지 않았을 때 타락했고 영향력도 점점 더 보잘 것 없어졌죠.

세상에 유익이 되는 일이면서도 하나님의 뜻에 합당한 일을 찾아야 합니다. 나를 향해 외치시는 하나님의 목소리에 민감하게 반응해야 합니다. 그러나 우리는 자신의 욕심을 하나님의 비전이라고 가장해 합리화시키곤 하죠. 그러므로 우리는 항상 하나님 목소리에 귀 기울여 깨어 있어야 하며 하나님 앞에 엎드릴 수 있어야 합니다."

답변이 끝나자마자 이번에는 한 남학생의 질문이 이어진다.

"박사님께서는 중학교 시절 시각 장애인이라는 핸디캡을 어떻게 극복하셨나요? 고민이 참 많으셨을 것 같습니다."

"저는 약점을 강점으로 소화시켰습니다. 오히려 그 부족한 공간을 하나님의 능력이 채워질 공간으로 만들었어요. 이렇게 자신의 약점까지도 감사히 내려놓을 수 있었던 이유는 하나님께서 언젠가는 날 쓰실 것이라고 믿었기 때문이죠.

고난은 말 그대로 괴로운 고통이 될 수 있고, 연단과 성장의 시간이 될 수 있음을 깨달았습니다. 선택은 스스로의 몫입니다."

강연과 토론을 마치고 강당을 나오는 학생들의 표정이 결연해 보인다. 그 동안 작은 일로 불평하면서 어려울 때 하나님께 기대지 않았던 자신을 반성하는 것 같기도 했고 큰 비전을 품었을 때 우리 삶에 어떤 기적이 나타날지에 대해 생각하는 것 같기도 했다. 이렇게 명사 초청을 통해 일 년에 몇 차례씩 자극을 받으니 학생들의 꿈에 대한 의지와 신념은 더 단단해질 수밖에 없다.

굳이 꿈의 학교 아이들을 한 명씩 붙잡고 꿈이 무엇이냐고 묻지는 않았다. 이 아이들이 각자 그려본 구체적인 미래의 모습은 조금씩 다를 수도 있다. 하지만 꿈의 학교에서 키워 평생 동안 갖게 될 꿈의 모양은 비슷하지 않을까 싶다.

바로 '코람데오', 여호아 앞에서 다른 사람들이 자신을 통해 그리스도를 읽을 수 있게 하는 것이다. 꿈의 학교 아이들의 책상 앞에는 이런 문구들이 붙어 있다.

'항상 기뻐하라'

'자제하자'

'Put everything down in front of God.'

(모든 것을 하나님 앞에 내려놓자.)

'오직 믿음으로'

'순종과 겸손'

나는 꿈의 학교 아이들의 해맑은 표정이 어디에서 비롯되었는지 알 수 있었다. 그 무엇보다 하나님과의 관계를 소중히 여기기 때문이다. 하루의 첫 시간을 늘 하나님께 드리고 말씀을 묵상하며 시작하기 때문이었다. 또한 나와 세상을 변화시킬 힘이 하나님에게 있다는 것을 알고 하나님께 의지하며 나아가기 때문이다.

독서교육, 국토 사랑, 초청 공연 등 꿈의 학교의 자랑거리들이 너무나 많지만 그 중에서도 '서로 중보하며 함께 예배하며 삶을 나누는 모습'이 가장 자랑스럽다고 말하는 꿈쟁이들에게 하나님이 어떤 미래를 준비해두고 계실지 사뭇 궁금하다.

두레자연고등학교

땅에 떨어진 겨자씨 한 알이여,
뿌리를 내리고 큰 나무로
치솟아 오르라

"이 땅에 대안학교라는 이름으로 존재하는 우리 두레자연고등학교는 단순히 나이나 존댓말 문제가 아닌 문화의 충돌, 사회구조와 사고방식을 바꾸는 문제까지 고심해야 합니다. 두자고가 우리 사회의 왜곡된 문화와 사고방식의 개혁에 한 몫을 하고 있다면, 또한 땅과 사람을 살리고 더불어 살아가는 행복한 사회를 이루는 데 쓰이고 있다면 우리는 그것으로 만족합니다."

• 홈페이지 : http://www.doorae.hs.kr
• 전화번호 : 031-358-8776
• 주소 : 경기도 화성시 우정읍 화산7리 692-11

두 번째 이야기

두레자연고등학교를 다녀와서, 나는 문득 공생애 기간에 예수님이 하신 사역은 어떤 것이었을까 생각해본다. 예수님은 제자를 모으고 가르치셨다. 사회에서 소외당하는 이들에게 하나님의 섭리를 가르쳐, 그들에게 진리의 빛과 생명의 자유를 주셨다.

두레자연고등학교는 바로 그런 예수님의 사역을 생각나게 하는 학교다. 두레자연고등학교는 제도권 교육에 적응하지 못해 스스로를 낙오자라 자책하며, 사회의 어두운 구석을 헤매이면서 참된 삶을 포기하려는 상처받은 어린 영혼에 관심을 쏟는다. 그리고 그들과 '함께' 열정어린 교육의 장을 만들어나가고 있다. 바로 그들이야말로 예수님이 그토록 사랑하신 잃은 양 한 마리기 때문에.

두레학교의 역사는 1970년대, 김진홍 목사가 청계천 이주민들을 이끌고 남양만 개간지에 정착하면서 시작됐다. 두레마을과 활빈교회 그리고 두레자연고등학교는 마을 공동체, 교회, 학교로 이어지는 삼각 축으로, 이들이 모여 땅과 사람을 살리는 '두레공동체'를 이룬다.

두레학교는 지난 1999년에 처음 문을 열었다. 두레마을은 지금은 지리산으로 옮겨 지리산 두레마을로 이어지고 있고, 활빈교회와 두레학교는 지금도 같은 장소에서 함께 신앙, 교육 공동체를 이루고 있다.

두레자연고등학교를 찾은 4월 어느 날, 나의 가슴은 설레고 있었다. 학교 주변은 원래 간척지였기 때문에 땅이 좋지 못하고 바닷바람이 센 척박한 환경이다. 하지만 이러한 열악한 환경이 오히려 더욱 강하고 개척자적인 분위기를 만들어주었다고 한다. 지금은 간척한 지 30여 년이 흘러서인지 주변 풍광이 제법 농촌 마을의 정겨운 맛을 풍기고 있다. 학교 바로 옆에 있는 나지막한 봉화산이 아늑함을 더해 주고 있었다.

김진홍 목사를 만나다

두레학교에 도착해 김진홍 목사와 마주 앉았다. 여러 매체를 통해 여러 번 보아 익숙한 모습이었지만, 실제로 본 김 목사의 인상은 한결 따뜻하고 편안했다.

1984년 어느 주일, 김 목사는 우리나라 교육의 약한 부분을 치유할 수 있는 학교를 세워야한다는 말을 설교 시간에 처음 했고, 그로부터 15년 후 두레학교가 문을 열었다. 그것을 김 목사는 '참으로 고맙고 신명나는 일' 이라고 말한다.

- 두레고를 세우신 특별한 계기나 이유가 있으셨나요?

"우리나라 학생들은 초등학생부터 대학생까지 하나같이 기존 질서에 눌리고 그 안에서 방황하고 고통을 겪습니다. 교사들은 보람을 잃고 좌절하죠. 정부의 교육정책은 뿌리를 내리지 못하고 오락가락합니다. 이런 현실에서 활빈교회가 세운 두레마을에서 두레자연고등학교를 시작한 것은 여간 귀한 일이 아닙니다."

김 목사의 이야기는 계속 이어진다.

"무릇 모든 큰일은 작은 시작에서 비롯된다는 말이 있습니다. 1999년 3월 5일, 열 명의 교사들과 스무 명의 학생으로 시작한 두레자연고등학교는 세월이 흐르면서 한반도의 역사 속에 뿌리를 내려 7천만 백성들의 혼에 터를 잡아갈 것입니다.

마치 겨자씨 한 알이 땅에 떨어져 싹이 나고 뿌리를 내리고 줄기가 치솟아 마침내는 큰 나무로 자라듯이, 그래서 숱한 나그네가 그 그늘 아래서 쉼을 누리듯이 두레자연고등학교도 그런 일을 하게 될 것입니다."

담담한 듯 느릿느릿한 특유의 말투 속에 신념과 열정이 묻어난다.

- 두레고의 구체적인 교육 목표가 있다면요?

"두레자연학교가 추구하는 교육 목표는 세 가지입니다.

첫째, 학생들이 사람다운 사람이 되는 교육을 받아 평생토록 행복하고 보람 있는 삶을 누리게 하는 것입니다.

둘째, 학생과 스승 그리고 두레마을 공동체가, 더불어 살아가는 공동체 정신을 이루어나가게 하는 것입니다.

셋째, 학교의 교장이신 예수님의 가르침을 받들어 겨레 사람들의 혼을 깨우치고 얼을 가다듬어 힘찬 나라를 이루는 것입니다.

나라 안팎에 흩어진 두레 가족들이 마음과 뜻과 물질 그리고

순박한 자연 속에서 밝은 웃음을 터뜨리는 두레고 아이들.

기도로 이 세 가지 목표를 위해 힘쓴다면 우리의 목표는 반드시 이루어질 것입니다.

끝으로 한 마디! 하늘은 스스로 돕는 자를 돕는다고 했습니다. 두레 가족들이 스스로 일으켜 나가는 이 일에 하나님의 도우심이

❖ 두레자연고등학교는…

1. 자유의 신성한 가치를 신봉하며, 자연과 흙의 신비한 능력으로 인간을 치유한다.

2. 학생 스스로 자연, 인간, 사회, 미적인 세계에 대해 직접 보고, 듣고, 느끼고 체험함으로써 깊이와 폭을 지닌 살아 있는 지식과 기술을 습득할 수 있게 한다.

3. 학교라는 사회 공동체의 한 명으로서 해야 할 일과 책임을 스스로 발견하여 해결해나가는 자율적인 교육을 지향한다.

4. 다른 사람들을 이해하고 따뜻한 마음으로 받아들여 줄 수 있는 자질과 성품을 지니도록 돕고, 더불어 살아가는 공동체 의식을 키우도록 한다.

5. 모든 학생에게 똑같은 내용과 방식으로 가르치는 획일적인 교육에서 벗어나, 각자의 소질과 개성을 최대한 계발하는 개별화 교육을 실천한다.

함께하고 있습니다. 지금까지 인도하신 것처럼, 이 아이들을 통해 놀랍고 귀한 일을 보게 될 겁니다."

상처받은 자여, 두레고로 오라! 예수께서 치유하시리

수업이 한창인 교실, 분위기가 여느 학교와는 사뭇 다르다. 학생들의 입가에는 환한 웃음이 가득하다.

점심시간을 알리는 종이 울리자 학생들은 삼삼오오 모여 각자 먹을 만큼 덜어 점심식사를 마치고, 설거지까지 스스로 한다. 수업을 마친 학생들은 학교 뒤 봉화산에서 산책을 하며 담소를 나누고 삼림욕을 즐기기도 한다. 성적이 부진한 학생들은 스스로 교실에 남아 교사와 함께 나머지 공부를 한다.

과연 두레자연고등학교는 어떤 학교인가? 어떤 학교이기에 상처받은 아이들과 부모들이 이 학교에 들어가기 위해 줄을 서서 기다리는 것일까? 두레고에 자녀를 입학시키려는 부모들의 심정은 마치 중풍 병을 고침받기 위해 예수님이 말씀을 전하시는 집의 지붕을 뚫은 자들처럼 절박한 것 같았다.

학교의 홈페이지에는 두레자연고등학교로 아이를 전학시키고 싶어 하는 학부모들의 사연이 자주 올라온다.

고2 아들을 둔 어미입니다. 학교생활에 잘 적응하지 못하고

다양한 특기 적성 교육도 빼놓을 수 없는 즐거움이다.

힘들어하는 아들을 보면서도 위로해주지 못해 안타까워 하다가 두레고를 알게 되었습니다. 제 바람은 우리 성렬이가 믿음으로 하나님 뜻대로 살면서 하나님께 칭찬받는 아들, 하나님 영광을 나타내는 아들이 되는 겁니다. 그래도 아들을 먼 곳으로 보낼 생각을 하니 마음이 아파서 견딜 수가 없네요. 우리 하나님은 사랑하는 예수님을 우리에게 보낼 때 얼마나 아프셨을까요.

이 글을 읽고, 고등학교 시절 나를 위해 날마다 새벽기도를 하시던 어머니의 모습이 떠올라 나도 모르게 가슴이 찡했다. 나쁜 아니라 우리 모두의 어머니의 마음이 이와 같지 않을까 싶다.

복도에서 만난 3학년 김윤서 학생은 두레고에서 입학 허가를 받은 날의 기분을 '공중에 붕 떠서 예수님을 환상 중에 만난' 느낌이었다고 말한다.

"합격 소식을 치과 치료 중에 받았거든요. 마취 중이어서 입을 잘 움직이지도 못했는데도 너무 기뻐 소리를 지르려고 했던 기억이 아직도 생생해요."

윤서는 두레고등학교에서 보낸 3년을 다음과 같이 이야기한다.

"두레는 내 미래를 좀 더 자신 있게 그려볼 수 있는 힘을 주었어요. 또 짧은 생각을 우물처럼 깊게 해주었고요. 무엇보다 모자란 나를 참 많이 격려해준 친구들, 선생님 그리고 하나님을 만날 수 있어 늘 웃을 수 있던 시간이었습니다."

윤서의 행복한 미소를 뒤로 하고 나는 발걸음을 교무실로 옮겼다. 두레고 교무실의 분위기는 참 따뜻했다. 마치 여느 가정집을 찾은 듯한 포근한 느낌이었다. 나는 두레고 교무부장인 국어과 신재영 교사를 만나 대화를 나누었다. 학창 시절, '교무부장' 하면 떠오르던 인상과는 다르게 젊고 활달하며 밝은 미소를 지닌 분이었다.

- 두레고에는 주로 어떤 학생들이 오나요?

"우리 두자고(두레자연고등학교의 약칭)에는 흔히들 말하는 '부적응' 학생이 많습니다. 몸은 학교에 있지만 마음은 다른 곳을 방황하는 아이들이죠. 친구나 교사 사이에서 상처를 받거나 문제를 일으켜 부모들이 물어물어 학교를 찾아오기도 하고 일반 학교의 교육 방식에 거부감을 느낀 학생이 스스로 이곳을 찾기도 합니다."

한때 부적응아로 낙인찍혔었다고 믿어지지 않을 정도로, 아이들은 두레고 생활을 통해 예의와 절제를 충실히 배워간다.

- 마음에 큰 상처를 안은 학생들을 교육한다는 게 쉬운 일은 아닐 텐데요? 구체적으로 어떤 힘든 점이 있나요?

"상처를 입은 학생들은 사실 잘못이 없어요. 비인격적이고 일방적인 교육 방식 그리고 사명감도, 열정도 없이 단순히 밥벌이로만 자리를 지키는 교사들, 치열한 경쟁 시스템에서 인간미를 잃어버린 학급 분위기……이런 왜곡된 교육 환경이 아이들을 부적응아로 만든 것이지요."

상처의 고향은 가정이다

신 교사는 그러나 이러한 교육 환경보다 더욱 아이들을 소외시키고 방황하게 만드는 요인은 다름 아닌 '가정환경' 이라고 단언한다.

"이들이 부적응 학생이 된 원인은 사실 대부분 가정 생활의 불안정에서 비롯한 것입니다. 애정결핍과 정서 불안, 부모와의 갈등 그리고 심한 경우 부모의 부재 등의 다양한 이유로 이들이 부적응아가 된 것입니다.

어찌 보면 학교 교육의 문제는 그들의 소외와 방황의 직접적인 원인이고 가정환경의 문제는 간접적인 원인인 셈인데, 결국 이 둘이 상호작용을 해서 부적응 학생들을 낳은 거죠. 그런데 실은 가정 문제가 학교 교육보다 근본적인 부분이에요. 우리 아이들이

목공 수업은 아이들이 가장 좋아하는 시간 가운데 하나다.

안고 있는 정서 불안과 약한 자존감, 열등감의 가장 깊은 뿌리인 셈이니까요."

신 교사는 계속 말을 이었다.

"결국 가정에서 사랑을 듬뿍 받으며 자란 아이들은 학교에서 닥치는 문제들을 아무렇지 않게 이겨낼 자신감과 인내심을 지니게 되지만, 사랑받지 못한 아이들의 경우는 사소한 문제에도 쉽게 흔들려요. 또 그 문제에 집착해서 자신의 목표마저 포기하거나 공격적이 되기도 합니다. 또 이런 아이들은 주의가 아주 산만하고 참을성이 없으며 지적인 바탕이 거의 없습니다.

사랑받고 자란 아이들은 철없을 때 잠시 방황하고 어긋나더라도 시간이 지나면 자리를 잡고 잘 살아가게 되지만, 사랑받지 못한 아이들은 여간해서는 그러지 못합니다. 이들은 근본적으로 스스로에 대해 비관적인 생각을 지니고 있습니다. 자신은 불행할 것이고 하는 일마다 되는 일이 없을 것이고 능력도 없고 멍청하다는, 그래서 막 살고 망가져도 된다는 무서운 생각을 갖고 있어요."

- 그렇다면 두레고의 교사들은 아이들을 구체적으로 어떻게 다루고 계신가요?

"한 마디로 사랑입니다. 눈에 보이는 조건적인 사랑이 아니고 생명까지도 줄 수 있는 아가페적인 사랑. 모든 아이들이 사랑을 받아야겠지만 특히나 어린 시절에 사랑을 받지 못한 아이들에게는 더 많은 애정과 관심이 필요합니다. 끊임없는 사랑만이 이 아이들을 치유할 수 있습니다. '역시 난 안 돼' 라는 비관적인 생각과 '나 따위가 무슨 그런 일을……' 하며 자신을 비하하는 열등의식을 사랑 말고 다른 무엇으로 바꿀 수 있겠습니까?

이들에게 필요한 것은 사랑으로 품어줄 새로운 부모입니다. 제대로 된 아버지 노릇을 해줄 수 있는 든든한 아버지와 제대로 된 어머니 노릇을 해줄 포근한 어머니가 필요합니다.

아버지는 아이에게 인생의 가치와 원칙을 삶을 통해 가르쳐줍니다. 아이들은 아버지에게 강인함과 인내심, 합리적인 사고를 배우죠. 또 세상을 크게 바라보고 넓게 생각하는 능력을 배웁니다. 그런가 하면 어머니는 아이들을 아늑하고 편안한 품에 감싸 안아줍니다. 아이들은 어머니에게 어떤 고난에도 쓰러지지 않고 일어설 자신감과 포용력을 배웁니다."

진정한 부모의 역할은 세심한 관심에서 시작된다

- 교사가 진정한 부모의 역할을 한다는 게……말처럼 쉽지만은 않은 일 아닌가요?

"그렇습니다. 몇 년 전에 한 학생을 맡았는데, 머리도 좋고 운동도 잘 하고 잘생긴 아이였어요. 하지만 그 아이는 꿈도 목표도 자신감도 없이 그저 하루하루를 시간만 죽이면서 보냈지요. 힘든 것은 아무 것도 안 하려 하고 자기에게 편하고 재미있는 것만 하려 했습니다. 전형적인 '단물족'(순간적으로 나타나 단물만 쏙 빼먹고 사라지는 이기적인 아이들을 가리키는 말), 그러니까 옳고 그른 것은 상관없이 '자기에게 이익이 되는가'만 중요하게 생각하는 아이였어요.

처음에 우리 교사들은 엄격하고 권위적인 아버지와 살갑지 않은 새어머니 때문에 아이가 삐뚤어진 것이라 생각했어요. 그래서 아이가 억압적인 집안 분위기에서 벗어나 이곳에서 생활을 하다 보면 자연스럽게 좋아질 것이라 여겼지요.

그런데 천만에요.아이의 행동은 오히려 더 나빠지기만 했답니다. 집에서 하지 못하던 술, 담배도 시작했고요."

신 교사는 당시 상황을 떠올리는 듯 더욱 진지한 얼굴이 되어간다.

"교사들은 무척 고민스러웠습니다. '우리가 아이를 잘못 판단한 걸까? 우리의 교육방식이 잘못된 것은 아닐까?' 이런 저런 생각을 해보았죠.

그러던 어느 날 아이의 친어머니를 만나게 되었어요. 몇 마디 나누다가 깨달았죠. 그 아이의 근본적인 문제는 아버지가 아닌 어머니에게 있었어요. 아주 어려서부터 친어머니의 애정과 관심을 받지 못한 채 방치되어 자라면서 아이는 늘 '나란 존재가 어머니의 인생에 부담이 되는구나' 하는 느낌을 받으면서 자랐고, 어머니가 집을 떠났을 때 사실상 버림받게 된 거지요. 그때 아이는 마음의 상처를 깊이 받게 되었고 그것이 아이의 삶에 커다란 그늘을 드리웠습니다. 자신은 아무렇게나 살아도 되는 인생이고, 아무도 자신에게 진정한 기대나 관심이 없다고 생각하게 된 겁니다."

교사들은 아이의 친어머니를 만나고 나서야 문제의 원인이라고 생각했던 아버지가 여전히 아들을 깊이 사랑하고 있다는 걸 알았다. 교사들의 판단이 틀렸던 것이다.

그 후 교사들은 아이를 대하는 방식을 바꾸었다. 아버지의 역할이 아니라 어머니의 역할을 강화한 것. 아이는 여전히 이기적이고 형편없었지만, 교사들은 사랑을 주고 또 주었다. 몇 달을 그렇게 지내자 아이는 달라지기 시작했다. 마음을 조금씩 열었고 자신감을 회복했다. 자신의 인생을 새롭게 바라보기 시작하면서, 다른 사람을 배려하고 챙기기 시작했다. 아직도 많이 불안해하고 작은 어려움이라도 생기면 쉽게 포기하려고 했지만 그래도 분명 변하기 시작한 것이다.

"이 아이를 겪으면서 학생 한 사람 한 사람을 정말 세심하게 바라보고 살펴야 한다는 걸 알았어요. 그렇지 않으면 전혀 엉뚱한 시각으로 아이를 보게 되고 아이가 진정으로 원하는 걸 해줄 수 없다는 걸 깨달은 거지요.

또한 한 명의 교사가 두 명의 부모 역할을 할 수는 없다는 사실을 다시 한번 확인하게 되었습니다. 담임 한 사람이 아버지와 어머니 역할을 다 한다는 것은 가능하지도 않을 뿐더러 바람직하지도 않습니다. 한 사람보다는 두 사람이 힘을 모으는 것이 좋고, 두 사람보다는 네 사람이 머리를 맞대는 게 좋고, 네 사람보다는 전체가 고민하는 것이 훨씬 바람직하기 때문입니다. 그래서 두자고에서는 각 학년을 맡고 있는 네 명의 교사들이 모여서 아이들에 대해 수시로 상의하도록 합니다. 그리고 중요한 일이 있을 때는 전체 교사가 모여 진지한 대화를 하고요.

- 음, 한 학생에 대해 담임뿐 아니라 모든 교사가 관심을 기울인다는 뜻이네요?

"그렇습니다. 그러다 보면 아이는 다양한 관심과 손길을 만나

게 됩니다. 한 가지 일에 대해 전혀 다른 생각을 지닌 교사들을 거치면서 아이들은 자신만의 주관을 갖게 되고 개성을 더욱 계발하게 됩니다. 또 애정과 관심을 여러 번 받으면서 자신감 있고 성숙한 사람으로 성장하게 되지요."

두레고에도 야간자율학습이 있다?

그렇다. 두레고 3학년 학생들은 야간자율학습을 한다. 방학 보충수업도 한다. 다른 학교와 다른 점이 있다면, 두 가지 모두 교사들의 결정으로 시작한 것이 아니라는 것이다. 두레고 1기 선배들의 요구로 공부방을 처음 시작했고, 이어서 방학 보충수업과 야간자율학습이 생겼다.

처음에 학생들의 요구를 듣고 교사들은 수많은 논의를 했다고 한다. 야간자율학습과 방학 보충수업에 교육적인 의미가 있는지, 대안학교에서 기존 교육제도의 파행적인 모습을 따라가는 것은 아닌지 하는 우려의 목소리가 그만큼 컸기 때문이다.

그러나 교사들은 결국 학생들의 요구를 받아들였다. 이유를 들어보자.

"우리 두레고는 대학 진학을 목표로 하지 않습니다. 인성 교육을 중심으로 체험학습과 현장교육이 수업의 대부분을 차지합니다. 게다가 두레고에는 정시 모집을 통해 대학에 가는 학생보다 수시 모집으로 대학에 가는 학생들이 더 많고요. 수시는 생활기록부와 면접, 논술로 학생을 뽑는 것이므로 야간자율학습이 별 도움이 되지 않습니다."

- 그렇다면 학생들이 야간자율학습을 자청한 이유가 더욱 궁금해지는데요?

"두레고에서 야자와 보충수업은 대학 입학이 아닌 그 이후를 생각해서 실시합니다. 학생들 스스로 그걸 깨달은 거죠. 말하자면 인생을 더욱 진지하게, 잘 살아낼 수 있도록 준비하는 것입니다. 고3 시기에 공부를 하는 것은 인생을 위한 준비이자 자신에 대한 예의입니다. 공부를 통해 학생들은 자신감을 회복하고 인생을 진지하게 살아가는 데 필요한 자양분을 얻습니다."

패거리 문화를 극복하라

두레고는 해마다 중국에 있는 두레마을로 해외 이동수업을 떠난다. 그곳에서 아이들은 아주 색다른 경험을 한다. 연변에 흐르는 두만강의 쓸쓸한 풍경 속에서 난생 처음 북한 아이들과 이야기를 나누기도 한다. 멀게만 느껴지던 북한 땅이 너무나 친숙하고 반갑고 가슴 아프게 느껴지는 순간이다.

또 조선족 자치주에서는 여전히 힘든 현실을 안고 사는 동포들을 만난다. 그분들의 한 맺힌 삶을 보고 들으면서 아이들의 생각의 폭은 한층 넓고 깊어진다.

연변 두레마을에서의 생활은 무척 험하다. 나무를 타다 다리를 심하게 긁히기도 하고 험한 산을 오르다가 발목을 삐기도 한다. 힘든 노동을 마치고 땀을 흘리고 나서는 추운 날씨에 얼음물로 샤워를 한다. 한 마디로 한국에서는 상상하지도 못하던 고생을

해외 이동수업을 위해 중국을 방문한 두레고 학생들. 장군총 앞에서 기념사진을 찍었다.

하고 오는 것이다.

그런데 특이한 점은 돌아가는 날에는 평소 사이가 좋지 않던 친구들 사이의 서먹함은 온 데 간 데 없이 사라지고 마음을 열게 된다는 것이다. 함께 고생했다는 진한 동료애, 그것으로 아이들은 하나가 된다.

- 두레고에서 해마다 해외 이동수업을 하는 가장 중요한 목적은 무엇인가요?

"두자고에서 해마다 해외 이동수업을 하는 가장 중요한 목적은 우리나라의 고질적인 병폐인 패거리 문화를 없애기 위해서입니다."

해외 이동수업을 하는 이유가 패거리 문화의 병폐를 없애기 위해서라고? 뜻밖의 대답에 나는 잠시 어리둥절했다. 나의 표정을 본 교사가 설명을 이어 나갔다.

"두자고는 제도권 교육에서 상처받은 아이들을 우선적으로 뽑다 보니 해마다 신입생 가운데 또래보다 한두 살 나이가 많은 복학생의 비율이 20퍼센트 안팎입니다. 그러나 두자고는 나이와 관계없이 같은 학년끼리는 말을 트는 것을 원칙으로 합니다.

일반 학교에서는 이럴 때 나이가 많은 학생을 형이라 부르는 경우가 많지만, 두레고에서는 이들을 모두 친구로서 대하기를 요구합니다."

사실 중고등학교 시절, 한 살 차이가 갖는 의미는 상상 이상의 것이 아니던가? 일 년 선배는 부모나 교사보다도 무서운 존재이며 거의 절대적인 권위를 지니기도 한다. 나의 마음을 읽은 듯 교사는 웃음 띤 표정으로, 그러나 진지한 어조로 말을 이었다.

"두레학교는 '싸나이 문화, 군대식 패거리 문화'를 거부합니다. 이것은 우리 두자고의 설립 정신이며 두레 공동체가 지향하는 대안 정신이기도 합니다. 우두머리는 하고 싶은 대로 마음대로 하고 나머지 똘마니들은 굽실거리며 그저 시키는 대로 맹목적으로 살아가는 문화를 우리는 지양합니다. 아니 적극적으로 거부합니다. 우리는 모두가 동등한 대접을 받고 서로를 존중하며 자신의 개성을 지켜나가면서도 상대를 귀하게 여기며 모두를 걱정하고 사랑하며 배려하는, 더불어 살아가는 공동체 문화를 지향합니다."

한때 '조폭 신드롬'이라는 말이 유행할 정도로 우리 문화 전체에 스며 있는 특유의 분위기가 떠올라 나는 그제야 고개가 끄덕여졌다.

"싸나이, 패거리 문화와 우리 두자고가 지향하는 공동체 문화는 결코 공존할 수 없습니다. 어느 하나는 사라져야 하는, 양립 불가능한 관계지요. 이 둘 사이의 충돌은 불가피합니다. 아이들은 입학하면서부터 졸업할 때까지, 아니 졸업한 이후에도 자신에게 익숙한 이 사회의 문화와 학교에서 요구하는 새로운 문화

사이에서 갈등을 겪게 됩니다. 이 충돌은 아주 치열하면서도 지루하게 이어지지요."

두자고의 교사와 학생들은 수많은 논의와 대화 속에서 이러한 문제를 다루는 몇 가지 원칙에 도달했다고 한다. '폭력과 성 문제는 결코 용납하지 않는다', '맞은 학생뿐 아니라 때린 학생도 우리가 가르쳐야 할, 우리 학교에 필요한 학생이다'가 그것이다.

수많은 고심 끝에, 때린 학생에 대한 '특별 교육'을 시도했고, 더욱 근본적인 해결 방안으로 '중국 이동수업'을 시작했다. 타국의 오지에 가서 지금까지의 환경과 배경을 잊고, 먹고 자고 일하고 뒹굴면서 서로 동등한 인간 대 인간으로 가까워지게 하기 위해서였다.

중국 이동수업은 예상했던 것보다 훨씬 더 효과가 컸다. 중국에서 꼬박 한 달을 지내면서 아이들의 생각은 달라졌다. 관계가 변했고 스스로를 보는 눈도 달라졌다. 더 이상 나이를 따지거나 나이 때문에 실랑이를 벌이지도 않게 된 것이다. 존댓말을 쓰라는 요구도 사라졌고, '누가 더 강한가?'를 따지던 사이에서 비로소 진짜 친구가 되었다. 중국 이동수업은 지금은 학교의 상징으로 자리 잡았고, 아이들의 생각과 문화를 바꾸는 데 여전히 커다란 역할을 하고 있다.

"처음에 나이 문제로 심각한 충돌을 겪고 폭력까지 썼던 복학생들이 중국 이동수업 후 일 년쯤 지나서 그 이야기를 다시 꺼내면 참 쑥스러워하고 부끄러워해요. '그때 제가 왜 그랬는지 모르겠어요', '아휴, 그 얘기 다시 하지 마세요, 창피해요' 하면서 고개를 절래절래 흔드는 아이들을 보면서 참 재미있다는 생각이 듭니다. 허허."

사람의 의식 자체를 변화시키는 교육, 참으로 귀하고도 힘든 일이라는 생각이 든다.

"이 땅에 대안학교라는 이름으로 존재하는 우리 두자고는 단순히 나이나 존댓말 문제가 아닌 문화의 충돌, 사회구조와 사고방식을 바꾸는 문제까지 고심해야 합니다. 우리 학교가 사회의 왜곡된 문화와 사고방식의 개혁에 한 몫을 하고 있다면, 또한 땅과 사람을 살리고 더불어 살아가는 행복한 사회를 이루는 데 쓰이고 있다면 우리는 그것으로 만족합니다."

학교에서 만난 또 하나의 부모

"현석아, 바늘구멍이 잘 안 보인다. 실 좀 껴 줘라."

"아니, 고 2인데 아직 바늘에 실도 못 끼나."

"요즘 눈이 침침해져서."

"자, 여기 있다."

"고맙다."

"그럼 빨래는 니가 돌려라."

두레고 학생들은 졸업할 때쯤 되면 웬만한 농사일은 척척 해낸다.

"뭐?"

이것은 두레고 기숙사에서 한 방을 쓰고 있는 학생들 사이에 오고 가는 대화다.

두자고 학생들은 모두 기숙사 생활을 한다. 두자고 학생들에게 기숙사는 생활의 중심이다. 이들에게 기숙사는 엄연한 집이다.

학생들은 이곳에서 남학생, 여학생 할 것 없이 생존의 기본이 되는 의·식·주에 관한 능력, 즉 밥 짓기, 옷 짓기, 집짓기 등을 배운다. 고3이 될 때쯤이면 쟁기질, 다림질, 바느질, 가전제품 수리, 전기 배선 등의 전문가가 되어 있어 웬만한 일은 다 스스로 해낸다.

대안학교들은 왜 기숙사를 만들까? 이 질문은 다음과 같이 바꾸어볼 수 있다.

'왜 학교가 가정을 역할을 함께 하려 하는가?'

적어도 두레고에 한정해서 생각해본다면, 그 이유는 명확하다. 앞에서도 이야기한 것처럼, 학생들이 사회와 기존 교육 제도에서 적응하지 못하는 근본적인 이유는 가정 문제 때문인 경우가 많다. 이들에게는 부모가 필요하다. 아버지 역할을 보완할 수 있는 또 하나의 아버지, 어머니 역할을 보완할 수 있는 또 하나의 어머니가 필요한 것이다. 두레고 기숙사는 부모의 부재로 인한 애정 결핍과 자신감 결여 그리고 이기적이고 공격적인 성격을 치유하는 장소다.

두레고는 기숙사 전담 사감제를 두면서 '요일 부모제'를 통해 이를 보완한다. 요일 부모제란 하루 세 명(남자 교사 2명, 여자 교사 1명)의 당직교사를 요일별로 배치하여 남자 교사는 아버지의 역할을, 여자 교사는 어머니의 역할을 함으로써 기숙사를 가정 같은 분위기로 만드는 것이다. 이 제도를 시행하면서 사감과 교사들 간에 지속적인 대화와 다양한 학생지도가 가능해졌다.

두자고의 교사들은 '제2의 부모'다. 두레고 기숙사는 부모의 육체적 또는 정서적 부재로 시작된 이기적이고 부정적인 인성을 치유하고 자신과 세상을 사랑하고 긍정하는 마음을 회복하는 보금자리인 것이다.

그 나무는 죽은 나무가 아니다

마지막으로 나는 수능을 앞둔 고3들이 수업을 하고 있는 교실에 들어가보았다.

여느 고3 교실과 마찬가지로 큰 시험을 앞둔 학생들의 얼굴에서 긴장감이 묻어난다. 막판 정리를 통해 마지막까지 최선을 다하려는 의지가 초롱초롱한 눈빛에 어려 있다. 그런데 갑자기 수업을 하던 교사가 학생들에게 책을 덮으라고 말한다. 그리고 사랑하는 자식을 바라보는 아버지의 눈빛으로 학생들을 찬찬히 쳐다본다.

"여러분이 살아갈 세상은 두자고와 많이 다를 것이다. 두자고에 있을 때는 자존심을 내세울 수도 있었고 화를 낼 수 있었다. 신경질을 내든가 무조건 우기고 고집을 부릴 수도 있었고 마음 내키는 대로 도망갈 수도 있었고 무책임하게 행동할 수도 있었다. 화를 내고 실수도 할 수 있었다."

교실에는 진지한 침묵이 감돈다.

"하지만……. 이제부터는 그럴 수 없다. 세상은 아주 잔인하다. 생각보다 냉정하며 생각보다 너희들에게 관심이 없다. 세상에서 우리 각자는 별 거 아닌 존재로 취급된다. 아마 앞으로 너희는 많은 외로움을 겪을 것이다. 자신의 무지함과 무능력함에 한숨을 쉴 것이고, 게으름과 나태함에 낙심하고 어쩔 줄 몰라 할 것이고 때로는 스스로의 어리석음과 허풍에 절망하고 상처 입을 것이다.

하지만 여러분은 절대 슬퍼하거나 노여워해서는 안 된다. 한숨과 절망 속에 포기하고 술에 절어 살아서는 안 되고, 두자고에서처럼 인생을 회피하고 어리석은 자존심 싸움을 벌여서는 안 된다. 이제 여러분은 다른 모습을 보여야 한다. 소리만 요란한 빈 수레가 아니라 고개는 숙였지만 속이 꽉 찬 알곡이 되어야 한다.

하지만 이것은 쉬운 일이 결코 아니다. 그동안 허비한 시간을 만회하고 앞에 놓인 시간들을 아름답게 채울 수 있도록 자신의 실력과 능력을 갖추는 일은 결코 만만한 일이 아니란 말이다."

아이들의 눈빛은 긴장한 듯 반짝였고 앳된 얼굴은 점점 상기되고 있었다.

"이제는 가슴만이 아니라 머리가 하는 말에도 주의를 기울여야 한다. 감정으로만 사는 것이 아니라 진지하게 고민하면서 살아야 하고, 아무 생각 없이 기분대로 살아서는 안 되며 한발 물러서 생각하고 한번 쉬어가는 자세가 필요하다.

당장의 이익에만 관심을 갖고 그것만을 최우선으로 생각하던 근시안적이고 단편적인 시각에서 벗어나 시야를 넓혀서 미래를 봐야 한다. 좀 더 멀리 있는 것에 관심을 갖고 그것을 바라봐라."

교사의 말을 듣던 한 학생이 질문을 던진다.

"그러려면 지금보다 높은 곳에 올라가 출세를 해야 합니까?"

"높은 곳에 오르라는 말이 출세를 의미하는 것은 아니다. 더욱 큰 사람으로, 더욱 깊이 있고 폭넓은 마음을 가진 사람으로 자신을 발전시키라는 말이다. 이제 선생님들은 여러분을 직접 도울 수 없다. 그저 뒤에서 기도하고 조언하는 것 말고는. 선생들은 그저 너희들이 강을 건너갈 수 있게 도와주는 뱃사공에 불과했다. 강 저편에서 주저앉고 도망 다니던 너희들에게 용기를 주고 자신감을 주어 강을 건널 수 있도록 도와주는 것이 우리의 임무였고, 우리가 할 수 있는 모든 것이었다.

이제 조금 있으면 여러분은 학교를 떠난다. 그때부터는 여러분의 인생이다. 두자고에 오기 전의 모습처럼 무책임하고 나약하고 게으르고 철없는 모습으로 살 것인가 아니면 비록 지금은 별 볼일 없고 가진 것도 없지만 자신을 믿고 사랑하면서 꿈을 바라보며 용기 있게 살 것인가? 모든 게 이제부터는 여러분 자신의 몫이다. 어떠한 순간에도 슬퍼하거나 노여워하지 않는다면, 절망하고 포기하지 않는다면, 노력하고 견딜 수만 있다면, 두자고에서 어떻게 모든 어려움들을 이겨냈는지를 잊지 않고 기억한다면 앞으로 닥칠 어려움은 그리 힘들지 않을 거다. 끝으로 이것 한 가지만은 잊지 말고 기억하길 바란다.

선생님은 여러분을 사랑한다. 정말 사랑한다."

두레고를 떠나면서 나는 어둑어둑해진 하늘을 한참동안이나 바라보았다. 뭔지 모를 강한 힘과 뜨거운 무언가가 내 안에서 꿈틀거리고 있었다. 두자고의 열정적인 교사들에게서 전해온 따뜻한 온기

일까, 상처받은 아이들의 영혼에서 뿜어져나오는 희망의 외침일까? 그것이 무엇이든 간에 나는 잊고 있던 무언가를 다시 찾고 있었다.

그렇다, 나는 별을 찾고 있었다. 곳곳에 숨어 있는 세상의 빛 되신 예수님, 버림받은 영혼에게 소망이 되신 그리스도의 사랑을 찾고 있었다.

이제 나는 어두운 하늘이 숨겨둔 별들을 더욱 기쁜 마음으로 찾을 수 있을 것 같다.

나무

사람들은 모두 그 나무를 죽은 나무라고 그랬다.
그러나 나는 그 나무가 죽은 나무는 아니라고 그랬다.
그 밤 나는 꿈을 꾸었다.
그리하여 나는 그 꿈속에서
무럭무럭 푸른 하늘에 닿을 듯이
가지를 펴며 자라가는 그 나무를 보았다.
나는 또다시 사람을 모아
그 나무가 죽은 나무는 아니라고 그랬다.
그 나무는 죽은 나무가 아니다.

- 천상병

삼광국제기독학교(SICS)

영어와 성경,
두 마리 토끼를 잡는다

학생들이 영어가 빠르게 느는 이유는 또 있다.

아이들이 가장 빠르게 언어를 받아들이는 상대는 교사보다는 또래의 친구들이다. 삼광국제기독학교는 학생들이 일상 속에서 영어로 호흡할 수 있는 환경을 제공하고 있다. 의사소통이 전혀 되지 않던 학생조차 어느 정도 시간이 지나면 상대편이 무슨 말을 어떻게 나에게 하는지 알아듣게 되고 얼마 후에는 그들과 같은 수준에 오른다.

- 홈페이지 : http://sics.hompee.com
- 전화번호 : 032-321-6483
- 주소 : 경기도 부천시 원미구 상동 416-1 부천삼광교회 내 4층

세 번째 이야기

"Hey, pass me a ball please!" (야, 공 좀 보내줘!)

"Oh, no. Not that way." (그 쪽 말고.)

"Are you playing alone?" (너 혼자 할 거야?)

이 시간은 과연 무슨 시간일까? '영어가 나오니 당연히 영어 시간이겠지' 라고 생각할 수 있다. 하지만 섣부른 예상은 금물. 지금은 체육 시간. 아이들은 발로는 축구를 하면서 입으로는 영어를 하는 중이다. 특히 본인의 축구 실력을 발휘하고 싶다면 되건 안 되건 영어를 해야 한다. 자신이 없어서, 틀릴까봐 입을 떼지 못하면 공 한번 못 차보고 다른 아이들 뒤꽁무니만 쫓아 다녀야 한다. 목소리 큰 아이나 덩치 큰 아이가 공을 얻는 것이 아니라 영어로 본인의 의사를 명확하게 말해야 공을 차지할 수 있기 때문이다.

그러다 보니 교사나 친구들이 특정한 상황에서 썼던 영어 표현들을 잘 듣고 새겨 놓았다가 적절한 상황이 되면 그 말을 따라 해 보게 된다. 어느덧 체육 시간이 끝나고 땀을 닦으면서도 친구들과 영어로 말하고 있는 자신을 발견한다.

국어와 국사를 제외한 모든 수업과 일상 대화를 100퍼센트 영어로 진행하고 있는 이 학교는 기독교 영어대안학교인 삼광국제기독학교(Samkwang International Christian School, SICS)다.

이 학교는 경기도 부천 원미구 상동의 부천 삼광교회 건물을 교실로, 학교 앞 1분 거리 석천공원을 캠퍼스로 사용하고 있다. 석천공원에는 미끄럼틀을 비롯한 놀이기구와 헬스 기구가 갖춰져 있고 축구장, 테니스장, 농구장, 야구장 등으로 쓸 수 있는 넓은 복합 운동장이 있으며 산책로와 자전거 길이 나 있어 다양한 활동을 하는 데 전혀 부족함이 없다.

현재 유치부(Pre-school), ESL반, 초등(G1~G6), 중등(G7~G9)반이 있으며, Will Kim(미국에서 온 선교사) 교장과 교직원들 모두 기독교 정신과 사랑으로 학생들을 지도하고 있다. 각 학년당 한 반으로 학급당 열두 명의 제자를 길러내고 있다.

우리나라의 영어 교육 열풍에 대해 새삼 강조할 필요는 없을 것이다. 그 열풍이 나날이 거세지고 있다는 것 또한 피부로 느낄 수 있다. 요즘의 유치원들은 거의 대부분 영어 유치원을 표방하고 있으며 초등학교 교실에 가보면 누가 시키지 않아도 자기들끼리 영어로 대화하는 아이들을 볼 수 있다. 그래도 여전히 영어에 노출되는 시간이 부족하다고 느끼는 부모들은 아이들의 해외 유학을 고려해보기도 한다. 그래서인지 이제는 기러기 아빠도 모자라서 독수리 아빠, 펭귄 아빠, 참새 아빠라는 여러 가지 신조어까지 생기는 실정이다.

하지만 가능하면 가족과 생이별하는 일 없이, 영어를 익히는데 적합한 환경에서 아이를 교육시키고 싶은 것이 부모들의 바람이다. 또한 어렸을 때부터 기독교적 세계관을 통해 신실한 하나님의 자녀로 키우고 싶은 가정이라면 기독 국제학교의 프로그램에 귀를 쫑긋 세우게 되지 않을까 싶다.

영어가 부족해도 걱정하지 마세요

어린 시절 외국에서 생활하다가 한국에 오게 되어 이 학교를 찾은 학생들도 있지만 그렇지 않더라도 이곳엔 영어 실력이 출중한 학생들이 참 많다. 삼광국제기독학교는 미국의 사립학교인 밥 존스 스쿨Bob Jones School의 커리큘럼과 교재를 사용하여 미국식 수업을 하기 때문에 기본적으로 영어가 되지 않으면 수업을 따라가기 힘들다.

하지만 영어 실력이 부족하다고 생각하는 학생들도 너무 걱정할 필요는 없다. 해외 유학 경험 없이 미국 사립학교의 정규 과정

수업을 들을 수 있도록 ESL프로그램을 준비해놓았기 때문이다. ESL은 'English as a Second Language' 의 약자로, 영어를 제 2 언어로 가르치는 수업을 말한다. 영어를 모국어로 하지 않는 삼광학교의 학생들은 대부분 ESL을 거쳐 간다. 어느 정도 영어에 익숙해져서 일반 학급에서도 자유롭게 생활할 수 있게 되면 ESL

지루한 학교는 가라! 언제나 즐거운 SICS.

과정을 졸업한다.

ESL에서 학습한 학생들의 영어 실력은 빠른 속도로 향상된다. 최소한 6개월에서 1년 정도의 ESL수업을 받으면 정규 수업을 따라갈 수 있는 정도의 언어 능력을 갖추게 된다.

학생들이 영어가 빠르게 느는 이유는 또 있다.

아이들이 가장 빠르게 언어를 받아들이는 상대는 교사보다는 또래의 친구들이다. 삼광국제기독학교는 학생들이 일상 속에서 영어로 호흡할 수 있는 환경을 제공하고 있다. 의사소통이 전혀 되지 않던 학생조차 어느 정도 시간이 지나면 상대편이 무슨 말을 어떻게 나에게 하는지 알아듣게 되고 얼마 후에는 그들과 같은 수준에 오른다.

이는 자신의 의사를 표현하고 싶다는 충동과 친구들의 이야기를 파악해야만 어울릴 수 있을 것이라는 단순한 생각에서 비롯한 것이다. 학생들은 학교에서 들었던 영어 문장을 하나씩 되새김질하며 이를 다시 사용하고 그것들이 쌓여 살아있는 생활 언어가 되기 시작한다.

하지만 삼광국제기독교학교 영어 교육의 목표는 일반 외국인 학교와는 다르다. 무엇보다 하나님의 일꾼을 길러내는 것이 이곳의 으뜸가는 목표다. 따라서 언제나 하나님을 알아가는 교육을 실시하고 항상 성경에서 시작하며 절대 기준을 성경에 두려고 한다.

영어로 성경을 공부하다

1교시 시작 전 학생들이 재잘대며 각자의 교실로 발걸음을 옮기고 있다.

"Please indoor voice."

교장 선생님이 입술에 손가락을 대고 살짝 말씀하신다. 실내에서는 조용한 목소리로 다니라는 것이다.

수업종이 울리자 학생들은 모두 교실로 들어가 의자에 앉는다. 월요일 1교시, 2학년 교실. 성경공부 시간인 바이블 트루스(Bible Truth) 수업이 이제 막 시작되었다.

열두 명의 학생들과 선생님의 입에서 영어 찬양이 울려 퍼지고 창문 밖 공원까지지도 찬양 소리가 퍼져나간다.

This is the day, This is the day that the Lord has made,
that the Lord has made.
I will rejoice, I will rejoice and be glad in it, and be glad in it.
이 날은 이 날은 주가 지으신 날
기뻐하고 기뻐하고 즐거워하세 즐거워하세
This is the day that the Lord has made,
I will rejoice and be glad in it, and be glad in it!
This is the day, This is the day that the Lord has made.
이 날은 이 날은 주의 날일세

찬양을 부른 후에 교사가 칠판에 오늘의 주제를 쓴다.

A Jailer Accepts God's Forgiveness.

(교도관이 하나님의 용서를 받아드림.)

- Acts 16:16-34 (사도행전 16:16-34)

2학년을 담당하며 성경을 가르치는 데이빗 선생님의 수업이 시작되었다. 선생님은 쉬운 영어로 된 성경 말씀을 이야기하듯이 읽어준다.

"Although Paul and Silas were in pain, at midnight they prayed and sang praises to God.

(폴과 실라는 감옥에 있었음에도 불구하고 한밤중에 하나님께 찬양하고 기도했어요.)

Suddenly there was a great earthquake, and the foundation of the prison was shaken.

(갑자기 거기에 큰 지진이 일어났고 감옥 건물의 기초가 흔들렸어요.)

The Jailer called for a light and went into the prison trembling.

(교도관은 불을 켰고 떨면서 감옥 안으로 들어갔어요.)

He fell down before Paul and Silas. He brought them out of the prison to his home and asked what he must do to be saved.

(그는 바울과 실라 앞에 엎드렸어요. 그는 그들을 감옥에서 데리고 나와 자신의 집으로 데려가서 무엇을 해야 구원받는지를 물어봤어요.)"

아이들은 어렵게 느껴지던 성경 이야기를 마치 흥미진진한 모험담이라도 되는 듯 바짝 긴장한 채로 듣고 있다. 곧 이어 데이빗 선생님의 질문이 이어진다.

"What influenced the Jailer to accept Jesus?

(무엇 때문에 교도관이 예수님을 받아드렸을까요?)

교사의 질문이 떨어지기 무섭게 모든 학생들이 손을 번쩍 든다.

"Me! Me! Teacher! Me!"

(저요! 저요! 선생님! 저요!)

발표할 기회를 얻지 못한 학생이 얼굴을 찌푸리며 말한다.

"Why not me?"

(전 왜 안돼요?)

다른 학생도 지지 않으려는 듯 말한다.

"Teacher, he did before."

(선생님, 제 아까 했단 말예요.)

학생들은 저마다 발표하고 싶어 난리가 났지만 그래도 가장 먼저 손을 번쩍 든 메리에게 기회가 돌아갔다.

“He saw that Paul and Silas sang and prayed.”

(그는 찬양하고 기도하는 폴과 실라를 봤기 때문입니다.)

“Good Job!”

(잘했어요!)

하지만 교사는 메리의 대답이 약간 부족하다고 느꼈는지 다른 대답을 유도한다.

“Even though”

(그럼에도 불구하고)

그 말을 들은 맨 앞자리의 피터가 말한다.

“Even though they had been beaten for spreading the gospel.”

(복음을 전하다가 핍박을 받을지라도 찬양하고 기도했기 때문입니다.)

이번에는 맨 앞자리에 앉은 친구가 말한다.

“He also saw how the Lord released the prisoners.”

(그는 또한 감옥에 있는 사람들이 어떻게 풀려났는지 봤어요.)

이번에는 만족한듯 교사가 웃으며 말한다.

‘Great!’

(잘 했어요!)

한 교실에 학생 수가 열두 명 남짓한 삼광국제학교 교실에서는 수업 중에 딴 생각을 할 겨를이 없다. 학생 수가 얼마 되지 않

아이들이 가장 빨리 영어를 배우는 대상은 바로 또래 친구들이다.

으니 당연히 발표 횟수도 많아지고 순서대로 해도 빨리 차례가 돌아오니 집중하지 않을 수 없다. 숙제를 안 하고 대충 넘어간다는 건 꿈도 꿀 수 없는 일이다. 학생 하나하나가 관심의 대상이기 때문이다. 따라서 모르는 것을 질문하거나 자기 주장을 펴는 일에 누구보다 적극적이다.

아이들의 대답과 발표가 이어지는 데에는 또 다른 이유가 있다. 이곳 교사들이 칭찬과 격려를 아끼지 않기 때문이다. 처벌은 일시적인 효과에 그치는 반면에 칭찬은 장기적으로 큰 효과가 있다는 것을 증명하고 있는 것이다.

그뿐만 아니라 교사들은 긍정적인 보상제도(positive reward system)를 사용한다. 수업시간에 태도가 좋거나 질문에 대답한 학생에게 스티커나 사탕, 카드 같은 것을 준다. 선행을 했거나 학습결과가 좋은 학생에게는 '찬스 티켓(chance tickets)'을 준다. 한 달에 한 번 티켓을 가장 많이 받은 학생을 뽑아 상품을 주기도 한다. 하지만 되도록 모든 학생이 골고루 상을 받을 수 있도록 주의를 기울인다. 경쟁심을 키우는 것보다는 동기를 부여하는 데 목적이 있기 때문이다.

가끔 먹을 것을 주고 공책이나 일기장 등에 칭찬하는 말을 적어주고 스티커를 붙이거나 도장을 찍어주기도 한다. 과제 노트에는 'Good Work(잘했어요)', 'Very Good(아주 좋아요)', 'Excellent(뛰어나요)', 'Wow(와우)' 'Great(대단해요)' 같은 말을 적어주어 학생들을 적극적으로 격려한다. 만점을 받은 받아쓰기 답안지에는 빨간색 사인펜으로 크게 스마일 표시를 해주고 영어단어로 문장을 만드는 숙제 유인물에는 'Good(잘했어요)' 표시를 잊지 않고 적어준다.

데이빗 선생님이 수업을 마치기 전 질문을 던진다.

"How can Christians influence others to accept the Lord's forgiveness?"

(어떻게 기독교인들이 다른 사람들이 주님을 받아드릴 수 있도록 영향력을 끼칠 수 있을까요?)

앞에서는 기회를 얻지 못했던 앤드류가 대답한다.

"They can always thank the Lord in everything."

(모든 상황에서 예수님께 감사하면 됩니다.)

데이빗 선생님이 마무리를 한다.

"Even when the circumstances seem bad."

(때로는 상황이 안 좋다고 해도 말이죠.)

Classroom Rules 학급 규칙

1. Listen carefully. 수업시간에 잘 듣는다.
2. Follow directions. 선생님의 지시를 따른다.
3. Work quietly, do not disturb others who are working.
   조용히 공부하고 다른 친구들을 방해하지 않는다.
4. Respect others, be kind with yours works and actions.
   다른 사람을 존중하며 친절하게 말하고 행동한다.
5. Respects school or personal property.
   학교와 개인 소유물을 존중한다.
6. Work and play safely. 안전하게 공부하고 논다.

과학 시간에 창조 원리를 배우다

2교시를 알리는 종이 울린다. 과학 시간이다.

교실에 들어가면 일반 학교의 교실 풍경과는 다르게 책걸상을 그룹 형으로 배열해놓았다. 칠판에 있는 내용을 그대로 옮겨 적으면서 공부하는 일은 거의 없기 때문에 모든 책상이 각기 다른 방향을 향하고 있으며 그룹 학습(group work)을 하기 편하도록 네다섯 개의 책상이 서로 붙어 있는 경우가 많다.

교사는 책상들 사이를 돌아다니며 수업하고 아이들은 칠판을 봐야 할 때는 잠깐 돌아앉기도 하고 옆으로 걸터앉기도 한다. 수업 시간에 똑바로 앉아 있으려고 긴장할 필요도, 화장실에 가고 싶지만 참을 이유도 없다.

오늘의 수업 주제는 철새의 이주다.

칠판에는 'Migration(이주, 이동)'이라는 단어가 적혀 있다.

일반 학교에서 이주에 대해 공부한다면, 교사가 단편적인 지식을 칠판에 쓰고 학생들은 받아 적으며 암기하게 된다. 그러나 삼광국제학교에서는 다채로운 교재와 학생들의 참여 그리고 다양한 활동을 통하여 자연스러운 이해를 돕는다.

곧이어 교사의 설명이 시작된다.

"Some birds fly long distances at the same time every year.

(어떤 새들은 매년 동시에 먼 거리를 날아가죠.)

This orderly movement to a different place is called migration.

(이렇게 규칙적으로 다른 곳으로 움직이는 것을 이주라고 해요.)

Birds that migrate put on extra weight just before their travels begin.

(이주하는 새들은 여행을 시작하기 전 몸무게를 늘리죠.)

Some birds double their usual weight."

(어떤 새들은 평소보다 몸무게가 두 배나 더 나가요.)

철새들이 있다는 것은 알았지만 이주할 때 몸무게를 늘린다는 사실은 처음 듣는 이야기라 아이들은 눈을 동그랗게 뜨고 옆 자리 친구들을 마주본다.

"Wow!"

"That's ridiculous."

(웃기다.)

"Really? I don't believe it."

(정말요?)

이번에는 교사가 질문을 던진다.

"How do you think birds know when to migrate?"

(언제 새들이 이주할까요?)

"In summer."

(여름에요.)

죠셉이 순진하게 대답하자 학생들이 와락 웃음을 터트린다. 웃고 있던 앤드류가 재빨리 정답을 맞힌다.

"In winter."

(겨울에요.)

학생들은 교사의 설명이 신기한지 잠시도 눈을 떼지 않는다. 잠시 후 교사는 교과서를 잠시 내려놓더니 성경을 꺼내 들고 해당 구절을 읽는다. 창조과학을 증명하는 내용이다.

"Read Job 39:26-27.

(욥기 39장 26절부터 28절을 읽겠어요.)

Does the hawk take flight by your wisdom and spread his wings toward the south?

(매가 떠올라서 날개를 펼쳐 남쪽으로 향하는 것이 어찌 네 지혜로 말미암음이냐)

Does the eagle soar at your command and build his nest on high?

(독수리가 공중에 떠서 높은 곳에 보금자리를 만드는 것이 어찌 네 명령을 따름이냐)

He dwells on a cliff and stays there at night; a rocky crag is his stronghold."

(그것이 낭떠러지에 집을 지으며 뾰족한 바위 끝이나 험준한 데 살며)

그리고 다시 학생들의 얼굴을 보며 질문한다.

"How the birds know when to migrate?"

(새는 어떻게 이주할 때를 알 수 있을까요?)

학생들은 깊은 생각에 잠겼다가 대답한다.

"God has designed them to know."

(하나님이 새들이 자연스럽게 알도록 창조하셨으니까요.)

참고서는 필요 없다, 창의적인 답을 찾아라!

과학 시간이 끝나갈 무렵 교사가 학생들에게 숙제를 내준다. 부록 교재인 워크북(workbook)을 풀어오는 것이다. 삼광국제학교의 교재 중에는 교과서와 함께 계발한 워크북이란 것이 있는데 이것은 교과서와 함께 공부하지 않으면 답을 얻기 힘들다.

과학의 경우 본 교과서 말고도 '실험 관찰' 이라는 워크북이 있는데 이것은 교과서를 열심히 공부해서 완전히 이해하지 않으면 답을 달 수 없다. 답을 기록하려면 우선 교과서를 공부해야 하는 식이다. 참고서가 따로 없으므로 숙제를 할 때 학생들은 스스로 창의적으로 노력해서 답을 찾아야 한다.

도저히 풀리지 않는 문제는 집에 가기 전 교사에게 도움을 요청하게 되고 교사 또한 기꺼이 시간을 내준다. 숙제를 하기 위해 직접 영어 사이트를 검색하거나 한국의 일반 사이트에 찾아가 자

따로 참고서가 없는 삼광국제학교 학생들은 스스로 자료를 찾아 창의적인 방법으로 숙제를 해결해야만 한다.

료를 찾아 영작을 하기도 한다.

이렇게 많은 사전과 책, 인터넷을 통해 관련 정보를 찾고 여러 각도로 생각해서 답을 얻는 숙제는 학생들의 머릿속에 각인되어 풍부한 지적 양식이 된다. 삼광의 학생들은 시험 성적에 연연하는 피상적인 공부가 아니라 진정한 사고 능력을 키우는 공부를 하고 있었다.

즐거운 영어 연극, 스킷 드라마(Skit Drama)

이곳 학생들이 가장 좋아하고 재미있어 하는 수업 가운데 하나는 영어 연극이다. 스킷 드라마는 명작 동화를 영어로 각색해서 연극으로 옮기는 것이다.

대여섯 명이 한 팀으로 구성되는데 교사가 아이들의 능력을 고려하여 고르게 팀을 편성해주기도 하고, 때로는 학생들의 의사를 존중해 원하는 친구끼리 팀을 구성할 수 있게 한다.

학생들은 방과 후에도 영어 연극 연습을 위해 삼삼오오 모인다. 같은 팀을 이룬 아이들은 좋은 점수를 받기 위해 맡은 역할에 최선을 다한다. 교사는 무대에서 학생들의 위치를 정해주고 동작과 대사를 지도하며, 각각의 대사를 시범으로 보여주기도 한다. 한 달 동안 학생들은 대본을 갖고 다니며 대사를 외우고 무대에 필요한 소품 등을 준비한다.

이 과정에서 어느 누구도 대사를 외우라고 강요하거나 대사를 외우지 못했다고 혼내지 않는다. 연극을 좋아하고 무대 위에서 원하는 연기를 하기 위해 대사를 외울 뿐이다. 아이들은 영어 연극을 함께 진행하면서 협동심과 책임감을 키울 뿐만 아니라 무대에 서는 기쁨도 만끽한다. 몇몇 학생들의 연기 실력은 브로드웨이에 진출해도 될 정도로 프로급이다.

아이들이 몇 주 동안 준비해온 스킷 드라마 수업을 찾았다. 교사가 연극에 앞서 연극의 배경 설명을 하고 있다.

"Jack lived with his mother."

(잭은 엄마와 함께 살고 있었어요.)

이 날의 연극은 영국의 민화인 『잭과 콩나무』다.

이미 알고 있는 이야기지만 읽을수록 재밌고, '정직과 성실' 이라는 변하지 않는 교훈을 안겨주는 이야기다.

학생들의 스킷 드라마 『잭과 콩나무』가 시작되었다.

Jack: I'm going to the giant's house.

(거인의 집에 다시 가 봐야겠어요.)

Mom: Oh, please be careful.

(오, 제발 조심해야 한다.)

Jack : I will. Good- bye, Mommy.

(그럴게요. 다녀올게요, 엄마.)

아이들은 발음도 좋고 감정 표현도 제법이다. 영어와 하나가 되어 연극에 몰두한다.

가끔 실수를 하기도 했지만 '내가 영어로 연극을 했다' 는 사실만으로도 뿌듯함을 경험하고 그때 느낀 자신감이 수업 시간까지 이어지게 된다. 또한 연극을 준비하면서 달달 외웠던 영어 표현을 일상 생활에서 자연스럽게 사용하기도 한다.

신나는 축제, 스펠링 비

오늘은 '스펠링 비(Spelling Bee)'가 있는 날. 미국에서 만 9세에서 15세 사이의 어린이들이 겨루는 철자 경연대회 스펠링 비 대회가 삼광국제학교에서도 열린다. 미국 사회에서 이 대회의 인기는 대단하다. 스포츠 채널인 ESPN이 대회를 중계하고, 미국의 주요 신문과 방송은 그 결과를 뉴스로 내보낸다. 여기서 우승한 학생은 NBC 방송의 인기 토크쇼와 아침 쇼에 출연하기도 할 만큼 영향력이 큰 대회다.

이곳 삼광국제학교에서도 대회를 향한 학생들 사이의 경쟁은 미국 못지않게 치열하다.

대회가 다가오면 교실 벽에 아래와 같은 게시물이 붙는다.

Tasks to be done (각자 맡은 역할들)

1. Contest rules and programming : Bemnet
   (대회 규칙과 프로그램 짜기 : 뱀넷 선생님)
2. Contest grading criteria : David
   (대회 점수 채점 : 데이빗 선생님)
3. Prizes: Principal
   (시상 : 교장선생님)
4. Contest assistance : EVERYONE!
   (대회 참여 : 우리 모두!)

For All Teachers (모든 선생님들께)

1. Please go over the rules of the spelling bee with your students.
   (스펠링 비의 규칙을 학생들에게 알려주세요.)
2. Promote support for classmates and how to lose gracefully.
   (같은 반 친구들을 돕고 우아하게 지는 법을 가르쳐주세요.)
3. Check your students' essays.
   (학생들의 에세이를 검사하세요.)
4. PLEASE HELP OUT IN DECORATIONS!
   (장식도 부탁드려요.)

드디어 스펠링 비 대회가 시작되었다.

전교생이 앉아 있는 소강당 위로 교사 두 명이 나온다. 모두가 기다리던 이 순간, 데이빗 선생님이 여러 장의 단어 카드를 꺼낸다. 준비하는 학생들은 모두 대기 의자에 앉아서 숨을 고르고 있다.

데이빗 선생님이 첫 번째 카드를 꺼내 들어서 단어를 말한다.

"Football." (미식축구)

주어진 시간은 15초. 모두들 숨죽여 세라의 대답을 기다리고 있다.

"F - o - o -t -b -a -l-l , Football."

첫 번째 학생인 세라가 단어의 철자를 완벽하게 맞추어내자 박수가 울려 퍼진다.

밤넷 선생님이 두 번째 단어의 카드를 꺼내든다.

"Pancake." (팬케이크)

"P - e -n - c - a - k - e, pencake."

"Oh, No. Sorry, Sera. Wrong."

(저런, 세라야. 틀렸단다.)

선생님의 말씀에 세라의 표정이 굳는다.

"The spelling is pancake."

(올바른 철자는 팬케이크란다.)

스펠링 비 대회는 치열한 경쟁의 장이자 축제다.

아깝게 틀린 세라는 그만 눈물을 보이고 만다.

드디어 열띤 스펠링 비 시간이 끝나고 시상이 있었다. 자리에 앉아 박수를 치는 아이들은 앞으로 영어 단어를 열심히 외워 다음에는 내가 꼭 저 자리에 서겠다고 다짐한다.

삼광국제학교는 아직은 규모가 작은 학교다. 유치원생들과 초등학교 저학년 학생들이 체육복을 입고 손발체조를 하고 있는 모습을 보니 앳되고 귀엽기만 하다. 하지만 나는 그 안에서 학교의 높은 비전을 보고 아이들의 커다란 미래를 본다. 단지 영어를 잘하고 창의적으로 공부하기 때문이 아니라 하나님의 말씀을 품고 자라나기 때문에 그렇다.

'또 어려서부터 성경을 알았나니 성경은 능히 너로 하여금 그리스도 예수 안에 있는 믿음으로 말미암아 구원에 이르는 지혜가 있게 하느니라. 모든 성경은 하나님의 감동으로 된 것으로 교훈과 책망과 바르게 함과 의로 교육하기에 유익하니 이는 하나님의 사람으로 온전하게 하며 모든 선한 일을 행할 능력을 갖추게 하려 함이라(디보데후서 3:16)' 라고 하지 않았는가.

조기 영어 교육과 함께 조기 성경 교육을 받는 삼광국제학교 아이들은 앞으로 어디에 가든지 영적 자신감과 자부심을 잃지 않을 것 같다는 생각이 든다.

영어 드라마를 하며 즐거워하던 아이들의 웃음소리나 스펠링비 대회에서 들려오던 함성도 신나고 즐거웠지만, 그보다는 성경공부 시간에 서로 발표하려고 앞 다투어 손을 들던 반짝반짝 빛나는 눈망울이 앞으로도 오랫동안 기억에 남을 것 같다.

전인기독학교

엄격함 속에 진정한 자율이 숨 쉬는 학교

"학기 초에는 특히 신입생이나 편입생들이 장애 학생들에 대해 관심을 많이 갖습니다. 장애 아동이 지나가면 "쟤 장애인이야" 하면서 쑥덕쑥덕하기도 하고요. 하지만 장애우 체험 행사나 장애 이해 교육을 통해 장애우에 대한 배려나 태도를 배우면서 많이 달라집니다. 장애 친구의 이름을 부르면서 함께 어울리게 되지요."

• 홈페이지 : http://wpca.hompee.com
• 전화번호 : 02-2202-3767
• 주소 : 서울 송파구 방이동 45-5 임마누엘교회 부설 전인기독학교 교육관 7층

네 번째 이야기

서울 중심가 도심 속에 화려한 유리로 지은 학교가 있다. 서울시 송파구 잠실동에 위치한 전인기독학교가 그곳. 임마누엘교회에서 몇 해 전 세운 기독교 대안학교다.

처음 보는 사람들은 외양만을 보고 "야, 이거 귀족학교 아니야? 학비가 꽤 비싸겠는 걸?"하고 생각할지 모르겠다. 하지만 이 학교의 한 달 학비는 30만원 정도다. 그 외의 비용은 임마누엘 교회에서 후원한다. 대부분의 학생들이 사교육을 전혀 받지 않는다는 걸 생각하면 결코 비싸다고 할 수 없는 교육비다.

임마누엘 전인기독학교는 예수님의 지상명령처럼 '제자를 삼는 학교' 이며 사람을 만들고 키우는 학교다. 전인기독교학교는 일반 공교육만으로는 이룰 수 없는 이 과제를 향한 분명한 소명의식을 갖고 시작되었다. 즉 예수 그리스도가 학교의 중심이 되고 이를 교과과정 전반에 반영한 교육을 통해 능력 있는 기독교

인재를 키우고, 이들을 통해 한국을 하나님을 경외하는 의로운 국가로 변화시키려는 것이다.

좀 더 자세한 이야기를 듣고 싶어 전인기독학교 교육의 총 책임을 맡고 있는 조형래 교목을 만났다. 조 목사는 아브라함의 이야기로 말문을 연다.

"하나님은 아브라함을 믿음의 거장으로 만들기 위해 본토 친척 아비 집을 떠나 하나님이 지시할 땅으로 가라고 말씀하셨습니다. 그건 결코 쉬운 일이 아니지요. 왜냐하면 이제까지 살아온 편안한 삶의 방식과 익숙한 것들을 버려야 하니까요.

우리 교육 현실도 마찬가지입니다. 부모들은 하나님의 방법이 아닌 늘 해오던 방식으로, 그러니까 세상의 흐름과 유행에 따라 자녀를 교육하려 합니다. 그래서 고액 과외를 하고 조기유학을 보내고, 그때그때 발표되는 교육 이론에 편승하여 교육합니다. 그러나 이것은 진정한 교육이 아닙니다. 단지 좋은 대학을 보내는 방법을 가르쳐 줄 뿐이지요."

조 목사는 부드럽지만 단호한 표정으로 말을 잇는다.

"우리는 일어나서 그 자리를 떠나야 합니다. 본토 친척 아비 집, 내 경험과 이성과 방법을 떠나야 합니다. 하나님 없이도 살 수 있다는 교만의 자리를 떠나야 합니다. 그래야 본질이 회복됩니다. 하나님의 주권이 회복되고 하나님의 임재와 가르침이 회복됩니다. 그럴 때 진정한 교육이 회복됨은 물론입니다. 전인기독학교는 하나님 없이 교육하는 세상의 자리를 떠나 하나님의 크고 비밀한 섭리가 있는 약속의 땅으로 가는 학교입니다."

교사는 학생을 섬김으로써 존재한다

진정한 섬김은 상대방이 얼마나 존귀한 존재인지를 깨닫는 것에서 시작한다. 하나님 안에서 모두가 존귀한 자임을 깨닫는 순간 비로소 자기중심적인 사고방식이 깨진다. 섬김은 자신이 받을 수 있는 당연한 대우를 포기하는 데서 시작하며, 내가 다른 사람보다 잘났다고 생각하는 속마음을 포기할 때 가능하다.

전인기독학교에서는 교사들이 학생에게 존댓말을 쓴다. 수업 시간뿐만 아니라 상담을 할 때도, 일상생활에서도 마찬가지다. 이것은 학생들을 섬기려는 교사들의 노력 가운데 하나다.

오늘은 세족식이 있는 날이다. 세족식은 예수께서 잡히시기 전날 밤 최후의 만찬 자리에서 손수 제자들의 발을 씻기시며 진정한 섬김에 대해 가르치신 것에서 유래한다. 전인기독학교는 예수의 겸손한 섬김의 모습을 21세기의 교육 현장에서 재현하고 있다.

교사와 학생들은 둥그렇게 원형을 만들었다. 안쪽에는 교사들이, 바깥쪽에는 학생들이 있다. 담임교사를 찾아가 발을 내맡기는 학생들의 모습에서 진지함이 묻어난다.

“그래서 저녁 잡수시던 자리에서 일어나 겉옷을 벗고 수건을 가져다가 허리에 두르셨습니다.

예수님께서는 대야에 물을 부어 제자들의 발을 씻기시고, 두르신 수건으로 그들의 발을 닦아주기 시작하셨습니다. 이윽고 시몬

5학년 학생의 모자이크 작품이다. 그림에 나타난 밝은 영성이 귀하다.

베드로의 차례가 되었을 때, 베드로는 예수님께 주님, 주님께서 제 발을 씻기시렵니까? 라고 말했습니다. 예수님께서 베드로에게 대답하셨습니다. 네가 지금은 내가 하고 있는 행동을 이해하지 못할 것이지만 나중에는 이해할 것이다."

말씀 낭독을 마치고 교사들은 학생들의 발을 씻기기 시작한다. 발가락 사이사이를 정성껏 씻긴다. 섬김을 사모하는 교사들의 간절한 마음이 느껴져 지켜보는 내 눈에도 눈물이 핑 돌았다. 세족식을 하는 동안 교사들은 몇 번을 마다 않고 물을 갈아준다. 발을 씻기지 않고 있는 교사들은 세족식의 처음부터 끝까지 찬양과 기도를 쉬지 않는다.

세족을 마친 학생들은 함께 모여 원을 그려가며 기도를 계속한다. 꽤 오랜 시간 동안 계속되는 기도에도 원을 이탈하거나 멀뚱하게 서 있는 아이들은 한 명도 없다.

세족식을 마치고 참여한 교사 한 명을 붙잡고 질문을 던졌다.

- 세족식을 하고 난 뒤 교사와 학생의 관계에 많은 변화가 있을 것 같은데요?

"무엇보다 아이들의 발을 씻기면서 교사로서 겸손하지 못했던 제 모습을 많이 반성합니다. 미움과 시기, 분노가 만연한 시대를 살아가면서 무엇보다 먼저 변화해야 하는 건 제 모습이니까요."

4학년 이경민

나의 더러운 발을 씻겨주신 선생님

학교에서 나의 더러운 발을 씻겨주신다고 했다. 일단 너무 창피한 마음이 앞섰다. 발 냄새가 날 수도 있고 발가락 사이에 끼인 때도 나올 수 있었기 때문이다. 선생님은 시종 찬양을 부르시며 내 발을 구석구석 씻으시더니 양말을 신겨주셨다. 정말 따뜻하고 포근했다. 이렇게 따뜻할 줄을 정말 몰랐다. 그저 선생님이 감사하고 또 감사할 뿐이었다. 그리고 생각했다. 나도 누군가의 발을 이렇게 씻어줄 수 있을까?

영화를 통해 기독교 세계관을 익히다

전인기독학교의 교사들은 삶 속에서 기독교 세계관을 가르치기 위해 늘 연구하고 고민한다. 영상매체를 통한 정보는 아이들에게 빠르고 정확하게 흡수된다. 그래서 이곳 교사들은 영화를 통해 기독교 세계관을 익힐 수 있는 수업을 준비한다.

이번 학기에는 영국의 대표적인 기독교 사상가인 C. S 루이스의 『나니아 연대기』를 영화화한 작품으로 수업을 진행한다. 『나니아 연대기』는 문학적 상상력이 복음을 증거하는 유용한 도구라고 여겼던 루이스의 생각이 잘 표현된 작품이다.

영화를 보기 전에 학생들은 감독이나 작가 등에 관해 미리 알

아보고, 영화의 배경이 된 시대적 상황 등에 대해서도 공부한다.

'기독교 세계관을 통해 영화 보기' 수업이 한창 진행 중인 5학년 교실에 들어가보았다. 영화 상영이 한창인 교실, 아이들은 눈을 반짝거리며 화면에서 시선을 떼지 못한다. 영상매체에 익숙한 세대여서일까? 아이들의 집중력과 에너지는 상상 이상이다. 아이들은 박수를 치거나 더러는 눈물을 흘리며 이야기 속에 푹 빠져 있었다.

영화가 끝나면 교사들과 아이들은 바로 토론을 시작한다. 토론 후에는 '영화 일기'를 작성한다. 영화 일기는 감상보다는 자신의 생각을 육하원칙에 따라 분명하게 표현하도록 유도한다.

수업을 마친 교사와 이야기를 나눴다.

- 이렇게 교사와 함께 영화를 보는 훈련을 하면, 아이들이 영화를 선별해 볼 수 있는 능력이 길러질 것 같은데요.

"맞습니다. 어쩌면 하나님의 세계관은 어른들보다 어린이에게 훨씬 놀랍고 강력하게 다가옵니다. 그러므로 이 시기의 아이들에게 하나님의 말씀을 심고 내면화할 수 있게 돕는 것은 무척 중요합니다. 영화 보기 수업의 목적도 결국 기독교적 세계관을 키우는 것이고요."

너는 틀린 것이 아니라 다른 것이다, 장애우 통합교육

장애인 통합교육은 장애우와 비장애우가 같은 교실에서 수업을 하는 것을 말한다. 1950년대 덴마크에서 시작한 이 교육방법은 1994년부터 우리나라에서도 시행되었다. 이 교육의 궁극적인 목표는 완전 통합교육, 그러니까 장애우와 비장애우가 모든 과목을 한 교실에서 똑같이 배우도록 하는 것이다. 하지만 여러 가지 이유로 현재 우리나라에서는 부분 통합교육만이 이루어지고 있다. 장애 학생의 장애 정도와 학습 능력에 따라 일반 학생과 함께 수업을 들을 수 있는 과목은 통합교육 수업을 받도록 하고 그렇지 않을 경우에는 학교에 설치한 특수 학급에서 장애 학생끼리 수업을 받는 것이다.

이런 교육 체제 아래에서는 장애우에 대한 편견이 사라질 수 없다. '장애우는 우리와 다르다'는 인식을 좀처럼 떨쳐 버릴 수 없기 때문이다. 그런 시선은 장애우가 사회 속에서 겪는 가장 큰 차별이요 고통이다.

전인기독학교는 그래서 철저한 통합교육을 실시하고 있다. 같은 교실에서 같은 과목을 공부하면서 '우리는 다르지 않다'는 걸 자연스럽게 느끼고, 장애 학생들도 평등하게 교육받을 수 있는 권리를 누리도록 하기 위해서다.

장애우를 둔 부모들의 한결같은 소망은 자녀가 사회에 나가 다

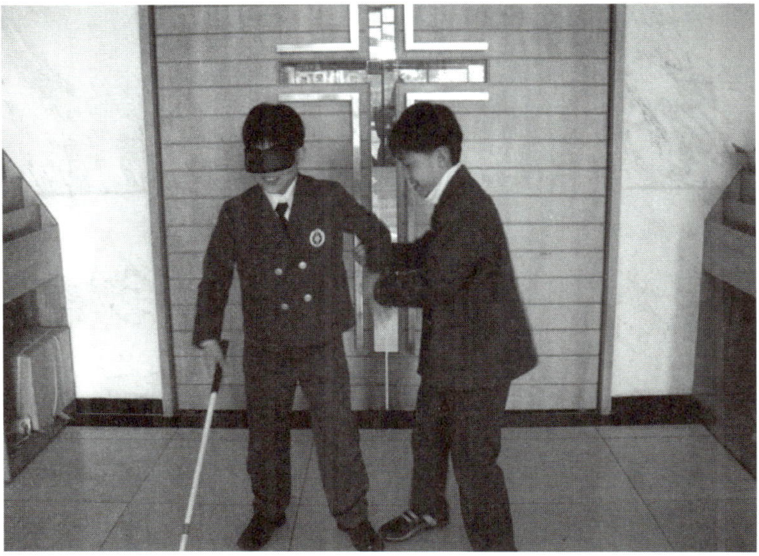

전인기독학교는 '장애우는 우리와 다르다'는 인식을 깨뜨리는 것이 장애우 통합교육의 시작이라고 생각한다.

른 사람들과 자연스럽게 어울리면서 살아가는 것이다. 그런 의미에서 통합교육은 장애우들에게 그 어떤 치료보다 훨씬 더 효과적인 치료법이 될 수 있다. 비장애 학생들과 어울리고 직접 부딪치면서 듣는 말, 익히는 행동들이 훌륭한 자극이 되기 때문이다. 실제로 전인기독학교에는 통합교육을 통해 뜻밖의 큰 성취를 보았다는 장애 학생과 학부모들을 많이 만날 수 있다.

전인기독학교의 학생들은 일 년에 한 번 장애우의 생활을 체험해보는 하루를 갖는다. 점자 찍기, 수화, 눈 가리고 지팡이 사용하기, 휠체어와 워커 사용해보기, 구족화가 되어보기 등 여러 코스를 통과하면서 아이들은 장애우의 불편함을 몸소 체험한다.

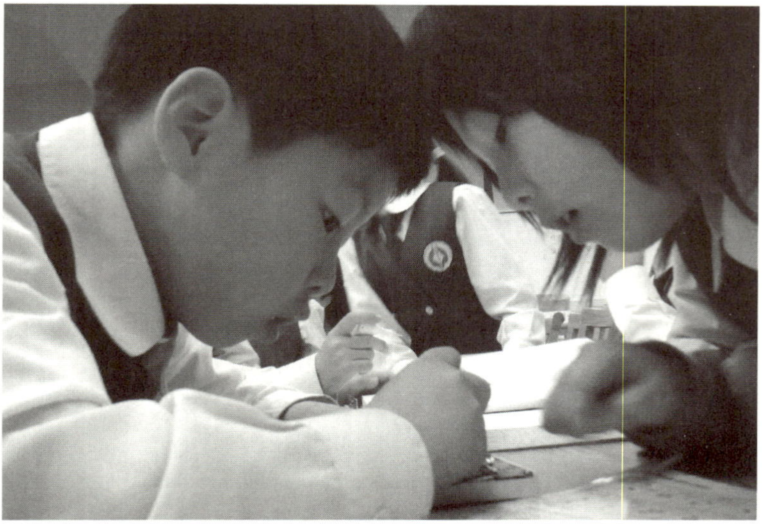

점자 찍기 활동을 통해 장애우의 생활을 체험해본다.

5학년 김예슬 학생을 만나 이야기를 나눠보았다. 예슬이는 입으로 글씨를 쓰고 머리를 빗고, 양말을 신어보면서 장애우들의 어려움을 뼈저리게 느꼈다고 한다. 눈을 가리고 지팡이를 짚은 채 산을 올랐을 때는 정말 깜깜한 세상에 혼자 갇힌 것 같은 느낌이었다고.

- 예슬이는 이 학교에 오기 전에 장애를 가진 친구가 있었나요?

"아니요. 없었어요."

- 장애우 체험을 해보니까 어때요?

"지금까지 장애우들의 아픔을 깊게 생각해보지 못했단 걸 알았어요. 그 친구들은 참 끈기가 있는 것 같아요."

5학년 구영은

우리 학교에는 장애우들이 네 명이 있다.

나는 장애인처럼 휠체어도 타고 다리가 불편한 사람들이 쓰는 워커도 사용해보았다. 그러자 그 친구들의 어려움이 더 깊이 이해가 되었다. 그래서 난 만나기만 하면 따뜻하게 대해준다. 난 그들을 이상하게 생각하지 않는다. 하나님께서는 그들을 좀 더 특별하게 만드신 것이다. 이젠 주일에 교회에서도 평일에 학교에서도 만나면 내 친동생처럼 잘 대해줄 것이다.

전인기독학교의 장애우 교육을 담당하고 있는 특수교사를 만나 궁금한 점들을 물어보았다.

- 전인기독학교는 국내 최초로 장애우를 위한 통합교육을 실시하고 있는데요. 시행착오는 없었나요?

"학기 초에는 특히 신입생이나 편입생들이 장애 학생들에 대해 관심을 많이 갖습니다. 장애 아동이 지나가면 "쟤 장애인이야" 하면서 쑥덕쑥덕하기도 하고요. 하지만 장애우 체험 행사나 장애 이해 교육을 통해 장애우에 대한 배려나 태도를 배우면서 많이 달라집니다. 장애 친구의 이름을 부르면서 함께 어울리게 되지요. 아이들 모두가 저를 도와 장애우들의 이동도 앞장서 도와주고…… 이런 도움들이 얼마나 감사한지 모릅니다. 장애우들 역시 친구들과 교사 그리고 무엇보다 하나님의 사랑을 받으면서 자라나는 걸 보면 참 기쁘지요."

- 장애아 교육에 어려움도 많을 것 같은데요?

"기독교 교육, 그중에서도 특히 특수교육의 어려움은 잘 알고 계실 겁니다. 경제적인 부분도 만만치 않은 문제고요. 장애 아동의 경우에는 치료교육에도 돈이 많이 드니까요.

하지만 어려운 여건 속에서도 장애아에게 교육의 기회와 혜택을 허락하시는 하나님께 얼마나 감사한지 모릅니다. 장애우에 대한 관심과 배려가 있는 그곳이 바로 하나님의 학교가 아닐까 하는 생각을 합니다.

통합교육은 장애 학생이 일반 학급 안에서 함께 수업을 받는 물리적인 통합을 넘어 모든 학생을 위한 교육입니다. 과거 통합교육의 초점이 특수교사나 장애 학생들에 맞춰졌다면, 우리는 모든 학생이 자신의 가치를 인정받고 다양성을 존중하는 분위기 속에서 목표를 이루어가는 교육을 지향합니다. 장애 아동과 비장애 아동 모두에게 효과적인 교육을 하는 것이야말로 통합교육의 진

전인기독학교에는 왕따라는 단어가 없다. 손을 잡은 아이들의 모습에서 정겨움이 묻어난다.

정한 목표이자 의미니까요."

책 읽는 엄마가 책 읽는 아이를 만든다

독서의 중요성에 대한 인식은 높아지고 있지만, 컴퓨터와 TV 등에 익숙해진 아이들에게 책을 읽히기란 쉬운 일이 아니다. 그럴 때는 부모가 먼저 책 읽는 모습을 보여주면 무척 효과적이다. 아이들이 책 읽는 부모의 모습을 자꾸 보게 되면, '책 읽기가 무척 재미있는 놀이구나' 하는 생각을 품게 된다. 독서가 지루한 것이 아닌 열중해서 할 만한 놀이라는 인식을 갖게 되는 것이다.

전인기독학교에는 학부모 독서 클럽이 있다. 다른 학교에는 없는 독특한 어머니 교육이다.

독서 클럽의 회원인 한 학부모를 만나보았다.

- 어머니 독서 클럽에 가입하시게 된 계기가 있으신가요?

"몇 년 전 임마누엘교회에서 부모교육 과정을 수료했어요. 그때 독서의 필요성과 중요성에 대해 알게 되었는데, 실제 생활하면서 책을 많이 읽기가 쉽지 않더라고요. 집에 있으면서 생각도 점점 굳어지는 것 같고. 그런 제 모습에 긍휼을 느껴서 어머니 독서 클럽에 가입하게 되었어요. (웃음)"

- 어머니 독서 클럽의 활동에는 어떤 것들이 있나요?

"전인기독학교는 부모들에게 많은 숙제를 내줍니다. 그 가운데 가장 중요한 것이 성경 말씀을 날마다 한 구절씩 읽어 준 후 아이들을 위해 기도해주는 거예요. 이번 겨울방학 때는 창세기의 요셉 이야기를 읽어주고 함께 기도했어요. 사실 아들 예찬이보다 제가 더 큰 은혜를 받았답니다.

예찬이와 요셉 이야기를 함께 읽으면서, 따로 강준민 목사님의 책 『꿈꾸는 자가 오는도다』를 읽었습니다. 그 책에는 '다른 사람들이 요셉을 보며 하나님이 함께하는 사람이었다' 고 말하는 부분이 있어요. 저는 예찬이의 모습 속에서 사람들이 하나님을 발견할 수 있길 바란다고 기도해주었죠. 또 제가 책에서 읽고 은혜를 받은 부분, 그러니까 요셉이 형제들을 용서하는 장면에 대해서도 함께 이야기했고요."

- 어머니가 책을 읽으시니까 아이들과 나눌 수 있는 부분이 더 풍성해졌군요?

"예, 바로 그 점입니다. 하지만 저 역시 나약한 존재라서 위기감을 느낄 때가 많아요. 작심삼일이란 말도 있잖아요? 독서 클럽에서 함께 읽은 자녀교육서의 방법대로 실천하다가도 어느 순간 의지가 약해지고 무너지게 됩니다.

그래서 더욱더 규칙적인 책읽기가 필요한 것 같습니다. 특히나 혼자가 아니라 여럿이 함께 읽으면서, 자꾸만 흐트러지는 마음을 다잡고 자녀들을 바로 세우기 위한 노력을 게을리 하지 말아야겠다는 다짐을 하게 되어 참 좋습니다."

- 어머니 독서 클럽을 통해 궁극적으로 바라시는 점은 어떤 것인가요 ?

"예수님의 제자인 안드레가 오병이어의 기적을 행할 수 있었던 것은 작은 것에서 큰 가치를 볼 수 있는 눈을 가졌기 때문이라고 생각합니다. 마찬가지로 아이에게서 무한한 가능성을 보고 그것을 끄집어내 발전시키는 것이야말로 부모에게 주신 하나님의 큰 은혜이자 책임이 아닐까 합니다.

또 자녀들은 내 아이일 뿐 아니라 험난한 미래를 헤쳐나갈 하나님의 일꾼이라는 것을 늘 염두에 두어야 합니다. 그러면 자연히 내 아이, 네 아이 구별하며 차별하는 이기주의를 벗어나게 되요. 모든 아이들을 21세기의 주인공이 될 '하나님의 자녀'로 바라보는 시각을 갖게 되니까요.

이 모임에 빠짐없이 참석하면서 다른 학부모들과 자녀교육 방법에 대해 열린 마음으로 의견을 주고받으면서, 우리 아이가 영적으로 성장하는 데 도움을 받는 점도 무척 중요하고요. 교회 생활과 마찬가지로 아이들을 교육하는 데도 동역자의 존재란 참 귀하다는 걸 많이 느끼지요."

천 권의 책을 읽는 아이들

아이들은 기본적으로 책을 좋아한다. 그런데 왜 정작 책 읽는 아이는 드물까? 문제는 자신이 책을 좋아한다는 걸 깨달을 기회를 갖지 못하거나, 아니면 과다한 학습에 지쳐 차분하게 책을 읽을 시간을 내지 못한다는 데 있다. 그러면서 점점 정말로 책을 싫어하는 아이가 되어간다.

그래서 전인기독학교는 학생들에게 책을 가까이 할 시간을 마련해주고 숨 막히는 현실에서 마음의 여유를 찾을 수 있게 한다. 아이들에게 꾸준히 책을 읽힘으로써 책이란 게 참 재미있을 뿐 아니라, 삶을 사는 데 꼭 함께해야 할 친구라는 사실을 저절로 깨닫게 한다.

이렇게 책읽기가 한 번 습관이 되면 그 아이는 평생 책 읽는 삶을 살게 된다. 세계적으로 큰 성공을 거둔 사람들의 대부분은 평생 책을 가까이 했다는 사실을 기억하라. 독서 습관은 무엇과도 바꿀 수 없는 경쟁력이다.

잘 알려진 것처럼 컴퓨터 게임이나 텔레비전의 영향을 많이 받은 아이는 집중력이 떨어진다. 그래서 대부분의 학교 현장에서 교사들은 정상적인 수업 진행이 어렵다는 고충을 자주 토로한다.

이러한 문제에 대한 독서교육의 성과는 놀라운 수준이다. 책읽기를 통해 아이들은 정신적으로 건강하게 자라난다. 그러므로 독서교육은 한 아이의 삶을 근본적으로 바꾸는 생활 혁명적인 성격을 지닌다. 졸업할 때까지 천 권의 책을 읽는 이곳 아이들의 미래가 기대되는 것은 그때문이다.

4학년 2반 이정민

『톨스토이 인생론』을 읽고

이 책에는 지혜로운 아이가 되게 해주는 여러 가지 좋은 내용들이 있다. 내가 그대로 지키기만 한다면 틀림없이 난 훌륭한 사람이 될 것이다. 특히 나의 단점인 말을 많이 하는 것과 조금 잘난 척 하는 것, 먹는 욕심이 많은 것과 친구에게 잘해주지 않는 것, 또 아주 가끔 동생에게 짜증내는 것 등을 하지 않아야겠다는 생각을 하게 되었다. 말을 많이 하게 되면 쓸 데 없는 말을 하게 되고, 잘난 척을 하게 되면 남의 말에 귀를 기울일 수 없게 된다. 친구들과도 사이좋게 지내서 서로에게 좋은 친구가 되어야겠다. 아무튼 이 책을 읽고 나의 단점을 알게 되었고 그 단점들을 고치기 위해 앞으로 많은 노력을 할 것이다.

E(Early) MBA, 생활 속에서 가르치는 어린이 경제

'자녀에게 물고기를 잡아 주지 말고, 물고기 잡는 방법을 가르쳐라' 라는 말이 있다. 자녀에게 재산을 물려주는 데 관심을 두기보다는 '투자' 라는 개념을 가르쳐 적은 자산이라도 그것을 어떻게 키우고 관리하는지 가르치는 것이 더 좋은 선물이라는 뜻일 것이다. 그래서 자녀에게 용돈을 '그냥' 주는 것이 아니라 노력에 대한 보상으로 제공하거나, 용돈을 통장으로 적립하는 형태로 주는 방법 그리고 '어린이 펀드'가 요즘 인기를 끌고 있다고 한다.

전인기독학교에는 교과과정에 실질적인 경제 수업이 포함되어 있다. 소득이 무엇이고 돈의 가치란 어떤 것인지 알게 하는 교육이다.

대표적인 것으로 학생들이 현장에 나가 직접 물건을 구매하는 '경제 알기 프로젝트'와 '벼룩시장'이 있다. 물건을 팔고 돈을 버는 모든 과정을 학생들이 혼자, 혹은 모둠을 지어 직접 체험하고 배운다. 활동은 크게 두 가지로 나뉜다. 먼저 물건을 준비하고, 혼자서 참가할지 친구들과 모둠을 짤지, 물건마다 가격은 얼마로 할지와 판매 목표, 기부 계획까지 모든 과정을 스스로 결정하는 활동이 있다. 그리고 다른 하나는 현장에 나가 물건을 사는 시장조사 프로젝트다.

이런 것들이 교육적으로 어떤 의미가 있을까?

평소에 아이들은 남이 정해놓고 가격을 보고 '싼지 비싼지'을 대략 가늠해보고 물건을 산다. 이렇게 수동적인 소비자의 눈만을 가졌던 학생들이 벼룩시장 수업을 통해 판매자, 생산자의 눈을 갖게 된다. 이런 시각의 변화는 좀 더 객관적으로, 다른 사람의 입장에서 생각하도록 한다. 또 흥정하는 과정에서 협상이나 비즈니스에 관한 의사소통을 자연스럽게 배울 수 있다.

경제 프로젝트 수업을 진행 중인 학생들을 따라나서 보았다. 학생들은 조를 나눠 교실 밖으로 나간다. 오늘 경제 수업의 현장인 아울렛 매장에 가기 위해서다. 아이들은 곧 근처 아웃렛의 아동복 매장에 도착한다.

"저기요, 이 청바지 얼마예요?"

"25,000원에 줄게."

그러자 한 학생이 상점 주인의 말에 이렇게 대답한다.

"어, 저쪽에서는 23,000원에 준다고 했는데요!"

"어디서? 그럴 리가 없는데……."

아주머니는 고개를 갸웃하더니 이렇게 응수한다.

"좋다! 학생들이 이렇게 직접 나왔는데 23,000원에 해줄게."

"대신 저희가 여기 사진 찍어서 블로그에 올리고 열심히 홍보해드릴게요."

"어이쿠, 홍보까지……. 너무 고맙지."

학생들은 바지를 산 후에도 마음껏 물건들을 구경하고, 디지털 카메라로 청바지 사진을 찍느라 신이 난 모습이다.

3학년 김예슬

경제 수업 프로젝트를 마치고

한 곳을 빼 놓고는 거의 다 친절도가 높았다. 그 한 곳은 우리가 옷을 가지고 무언가를 말하고 있는데 손님들이 오자 우리를 나가라며 떠밀었다. 우리는 그 가게를 나오면서 "어, 황당해. 우리들은 손님으로 보지 않은 것 같아 좀 속상하다."는 이야기를 했다. 하지만 이런 프로젝트 과제를 하면서 우리는 정말 즐거운 시간을 보냈다.

미국 매사추세츠 주의 필립스 아카데미는 미국의 대표적인 사립 명문 고등학교로 흔히 '고등학교의 하버드'라고 불린다. 1778년에 세워진 미국 최초의 기숙학교로, 1930년대부터 현재까지 이 학교 학생 35명당 한 명 꼴로 미국 유명 인사 사전에 등록될 정도로 많은 인재를 배출한 학교라고 한다. 이 학교의 건학 이념은 바로 'Not for self' 즉 '나 자신을 위해서가 아닌' 이다.

이 이념은 누가복음 6장 38절 '주라 그리하면 너희에게 줄 것이니 곧 후히 되어 누르고 흔들어 넘치도록 하여 너희에게 안겨 주리라 너희가 헤아리는 그 헤아림으로 너희도 헤아림을 도로 받을 것이니라' 와 고린도전서 10장 31절 '그런즉 너희가 먹든지 마시든지 무엇을 하든지 다 하나님의 영광을 위하여 하라' 라는 말씀에서 유래되었다고 한다.

자신의 발을 씻어주는 교사들을 보면서, 또 장애우들의 어려움을 체험해보면서 전인기독학교 학생들이 배우는 덕목 또한 'Not for self'가 아닐까 한다.

분명 남을 위해서 한 행동인데 어디에서도 얻지 못한 기쁨이 마음속에 차오르는 걸 알게 된다. 남에게 줄 수 있는 사람이 되기 위해서 내 잠재력을 끝까지 발휘해야 한다는 것도 깨닫는다. 과연 누구를 위해, 무엇을 위해 성공해야 하는지 먼저 생각하게 된다.

무릇 인재란 이렇게 길러져야 하는 게 아닐까.

독수리기독중고등학교

폭풍을 두려워하지 않는
독수리 같은 인재를 키운다

독수리 같은 그리스도인들은

이를 악물거나 이마에 땀을 흘리면서 봉사하지 않습니다.

성령의 바람을 통해 하나님의 능력으로 봉사합니다.

이것은 열심히 일하지 말라는 뜻은 아닙니다.

다만 하나님의 능력으로 하나님의 일을 하지 않으면

어떤 것도 이룰 수가 없다는 것입니다.

- 니키 컴불, 『부흥의 본질』 중에서

• 홈페이지 : www.eagleschool.com

• 전화번호 : 031-789-2400

• 주소 : 경기도 성남시 분당구 분당동 90-7번지

다섯 번째 이야기

1993년, 평범한 주부로 살던 한 집사님이 원인 모를 병에 걸렸다. 몇 년 간 모든 방법을 다 써보았지만 차도가 없었고, 그때 집사님은 병만 낫는다면 아동복 장사를 하든, 아이스크림 가게를 하든 아이들에게 도움이 되는 일을 하며 교회 봉사를 하고 싶다는 소박한 꿈을 품었다. 그러다 마지막으로 인생을 건 40일 기도를 드리게 되었고 이때 집사님은 하나님의 음성을 들었다. '너에게 이미 가르치는 은사를 주었으니 나의 자녀를 양육하라.'

처음에는 그 응답을 그리 대단하게 여기지 않았다. 집사님은 지금 당장 할 수 있는 일이 무엇인지 알아보다가 교회 아이들 몇몇을 데리고 집에서 성경공부를 시작했다. 어린이 성경학교는 곧 방과 후 교실이 되었고 '토요학교'로 이름을 바꾸었다가 마침내 2002년 기독교 대안학교로 거듭났다.

처음 개교했을 때 아홉 명의 학생으로 시작했던 독수리기독

중·고교는 이제 특목고 못지않은 경쟁률을 자랑하는 분당의 대표적인 기독교 대안학교로 성장했다.

핀란드식 선진 교육과 유태인식 신앙 교육이 만나다

분당으로 가는 먼 길, 독수리학교에 대한 기대감으로 내 마음은 설레고 있었다. 학교에 도착해 단혜향 교장을 만났다.

- 독수리기독학교는 어떤 취지로 세운 학교인가요?

"저는 우리나라의 교육 현실을 바라보고 있으면 마치 침몰하는 타이타닉 호를 보는 것처럼 불안합니다. 신문을 펼치면 이틀 건너 교육 관련 비리 기사가 나오죠. 이제 학교는 형식적으로 가는 곳이고 학원이 진짜 공부하는 장소가 되고 있어요.

올바른 2세 교육은 하나님이 우리에게 주신 가장 중요한 소명 가운데 하나지만 지금의 이기적이고 경쟁지향적인 공교육은 제 역할을 하지 못하고 있습니다.

더욱 심각한 것은 오늘날의 교육 문제가 비단 교육에서만 끝나지 않는다는 거죠. 교육 문제는 대한민국의 미래 문제입니다. 자아가 형성되는 학창시절, 아이들은 황금만능주의, 이기주의, 무분별한 쾌락주의 같은 오염된 가치관들을 당연하게 여기면서 자라요."

- 그런 현실 속에서 독수리기독학교의 아이들이 어떤 사람으로 성장하길 바라시나요?

"독수리기독학교는 잘못된 가치에 물들지 않는 맑은 아이들을 키우고 싶습니다. 하나님이 보시기에 흡족한 학교를 만들어 믿음의 가정에 희망과 용기를 주고 싶어요.

무엇보다 가장 으뜸 목표는 성경적인 가치관을 심어주는 겁니다. 신입생을 받아들일 때 가장 중요하게 생각하는 것이 부모의 기독교 교육에 대한 확신이에요. 공부도 중요하지만 왜 공부해야 하는지, 성실하지 않은 삶을 살면 어떤 결과를 낳는지, 왜 하나님의 말씀에 복종해야 하는지를 우선 가르칩니다."

- 혹시 본보기로 삼고 있는 대상이 있나요?

"지난해 OECD가 선정한 교육 수준 1위 국가는 핀란드에요. 핀란드에는 사교육이 없습니다. 그 대신 학교에서 각 학생의 소질과 특성에 따른 개별화 교육에 힘쓰고 있어요. 핀란드식 교육은 학생들의 잠재력을 이끌어내고 창의력을 길러주는 데 효과적입니다.

또한 유태인의 힘은 4천여 년 동안 이어져 내려온 유태 교육의 전통, 곧 성경적인 교육 방법에 있어요.

독수리기독학교의 교육과정은 핀란드식 선진 교육 시스템과 유태인식 신앙 교육 시스템을 접목하는 것입니다."

- 구체적으로 어떤 방식으로 교육하고 있나요?

"미국의 기독교 학교에서 30년간 사용돼 그 효과를 검증받은 '알파와 오메가' 교재로 수학과 과학, 사회를 공부하고 영어권 선생님으로부터 영어회화를 배웁니다. 또 매주 금요일은 '영어의 날(English Day)'로 지정해서 모든 의사소통을 영어로 하며 학습 능률을 높이고 있어요. 2학년 1학기를 마친 학생들은 '캐나다 기독

독수리기독학교의 교사 대 학생 비율은 일반 학교에 비해 월등히 낮다.

교학교' 로 이동해 교환학생으로 공부하게 됩니다. 다른 문화권에서 적응할 수 있는 능력과 영어 실력을 함께 키우기 위해서입니다.

또 제가 강조하는 건 교사 대 학생 비율이 낮아야 한다는 점이에요. 초기에는 학생 열아홉 명에 교사만 열세 명이었어요. 교사를 선발할 때도 기독교 교육에 대한 헌신과 비전을 가장 중요하게 평가하고 있습니다."

✣ 12학년(고3) 사명 선언문

우리는 삶을 통해 하나님께 영광을 돌리겠다. 예수님께서 사랑으로 세상에 전적으로 헌신하셨듯이 나도 내가 가진 재능과 기능들로 헌신하며 십자가의 삶을 실현하기 위해 다음과 같이 다짐한다.

1. 나는 사람을 위해서가 아니라 주님을 위해서 내가 하는 모든 일에 최선을 다하겠다.
2. 나는 세상 문화에 흔들리지 않고 견고히 맞서는 사람이 되겠다.
3. 나의 길에 어떤 방해가 있든지 하나님의 가르침을 따르겠다.
4. 언제 어디서든 복음을 부끄러워하지 않고 하나님 나라를 확장하는 일꾼이 되겠다.
5. 나는 약자를 위한 강자가 되어 그들을 섬기겠다.
6. 나를 통해서 다른 사람들이 예수님을 알게 되도록 항상 몸과 마음을 바르게 하겠다.
7. 나에게 언제나 가장 선한 길을 예비하시는 하나님을 믿고 감사하는 생활을 하겠다.

교장 선생님의 말씀을 듣다 보니 '기독교적 가치관을 지닌 인재 양성' 이라는 학교의 취지가 쉽게 이해되었다. 어서 빨리 교실에 들어가 독수리 중고교 학생들의 반짝거리는 눈동자를 확인하고 싶어졌다.

나만의 교과서를 만들어라!

2교시를 알리는 벨이 울리자 학생들이 교실로 들어간다. 멋모르고 따라 들어간 나는 순간 교실을 잘못 들어온 게 아닌가 하는 생각이 들었다. 중학교 교실이 아니라 마치 외국 명문 대학 소개 브로셔에 나오는 강의실 같았기 때문이다. 눈을 편하게 하는 은은한 조명 속에 열두 개의 책상이 놓여 있었다.

빔 프로젝트 앞에 서 있는 사람은 교사가 아니라 그 날의 발표자 최윤이 학생이다. 오늘의 지리 수업을 위해 준비해온 내용은 '유라시아 대륙의 동쪽에 위치한 나라들의 지형적 특색' 이다. 처음에는 조금 떠는 것 같았지만 점점 목소리에 힘이 들어가더니 친구들의 눈동자를 하나씩 쳐다보며 강의를 펼친다.

"우리나라는 아시아 대륙의 동쪽 중위도(33°~ 43°N, 124°~132°E)에 위치하며 서쪽으로는 황해와 중국 대륙이, 동쪽으로는 동해와 일본열도가, 그리고 남쪽으로는 남해 해상이 동지나해와 태평양에 접속되는 삼면이 바다로 둘러싸인 반도입니다. 판구조이론으로 볼 때 동부 유라시아판에 속하며 대륙의 가장자리에 놓여 있어 불안정한 환태평양 화산대에 위치하는 주변보다 비교적 안정된 지괴라고 할 수 있습니다."

학생 본인이 확실히 이해하고 있어서인지 목소리에 열정과 자신감이 묻어난다.

수업이 끝나고 쉬는 시간에 발표자 최윤이 학생을 만났다.

- 발표를 논리정연하게 잘 하던데 특별한 비결이 있나요?

"아, 마인드맵으로 준비한 거예요"

- 마인드맵이 뭐죠?

"일종의 연상 작용이라고 할 수 있는데요, 머릿속에 지도를 그린다고 생각하면 되요. 책에 나온 내용을 그대로 외우는 게 아니라 내가 그걸 다시 조합하는 거예요. 사실 저는 수학처럼 이해하는 걸 좋아하지 사회 같은 암기과목을 좋아하지 않았거든요. 하지만 마인드맵으로 여러 가지를 정리하다 보니 사회도 재밌는 과목이더라고요."

- 암기 과목에 재미를 붙였군요.

"교과서와 문제집을 보고 생짜로 외우려다 보면 머리가 폭발할 것 같잖아요. 그런데 저는 처음에 글을 쭉 읽어나가다 무슨 말인지 모르겠다 싶으면 다시 정리를 해요. 그렇게 정리한 노트는 교과서와 문제집과는 달리 한눈에 들어오죠. 내가 만든 교과서나 다름없어요. 그러니 언제 다시 봐도 기억이 쏙쏙 나죠.

또 마인드맵은 논리적인 사고에도 도움이 되요. 이 세부 사항들은 어떻게 묶고, 이 가지에는 어떤 내용들을 넣을 수 있는지 생각하다 보면 어느새 논리적인 사고가 크는 게 느껴진다니까요."

이곳 교사들은 일반 학교와 차별화되는 교육 콘텐츠와 학습방법을 계발하고 있으며, 마인드맵도 그 중 하나다. 암기과목은 무조건 외우는 것이라는 생각을 갖고 있던 아이들이 가장 좋아하게 되는 것도 이 마인드맵 학습법이다.

종합병원 수술실에서 생물 수업을 하다

오늘은 생물 수업이 있는 날, 이 날 학생들이 찾은 곳은 학교가 아니라 강남의 한 종합병원이다. 서영이와 찬미, 수인이 등 9학년 친구들이 병원 정문 앞에 모였다.

"그러면 오늘 우리 수술하는 장면 직접 보는 거야?"

한 친구가 드라마 '모래시계'의 대사를 흉내내본다.

"나 지금 떨고 있니?"

"네가 떨리긴 왜 떨리니? 환자가 떨리지."

"치, 자기도 긴장되면서."

아이들은 이렇게 재잘대며 간호사의 안내를 따라 수술 대기실로 향한다. 오늘 학생들의 1일 교사가 되어주실 의사 선생님이 기다리고 있다. 선생님은 수술 설명에 앞서 인체의 구조와 신비에 대해서 설명한다.

"사람의 인체는 창조주 하나님의 걸작품입니다. 인간의 뇌보다 더 경이로운 것은 없습니다. 예를 들어 뇌 속으로 매초 약 1억 비트의 정보가 쏟아져 들어가죠. 인간의 정신은 그러한 집중 포화를 이겨낼 뿐더러 아주 손쉽게 처리합니다.

먼저 우리 자신의 몸에 대해서 잘 알면 건강을 유지하는 데 많은 보탬이 된답니다."

이제 본격적으로 오늘의 수술에 대해 설명한다.

"이 환자는 오래 전부터 소화가 안 되고 밤에 음식을 먹고 자면 새벽에 명치 아래쪽에 통증이 있었다고 해요. 얼마 전 위 내시경 검사를 받았는데 위에 아주 조그마한 돌이 몇 개 있더군요. 환자가 처음에는 수술을 거부해서 일단 약을 처방했는데 약물 치료만으론 돌을 제거할 수 없지요."

"왜요?"

호기심 많은 서영이가 질문한다.

"돌이 약물로 녹을 확률은 매우 낮아서 초기에 수술로 제거하는 것이 더 쉬워요."

의사 선생님의 수업을 들은 후 모두들 수술실로 들어간다.

"야, 정말 신기하다."

한 친구가 저도 모르게 큰 목소리로 감탄사를 내뱉었다.

"쉬, 의사 선생님들이 집중할 수 있게 조용히 하세요."

간호사 선생님은 학생들에게 주의를 준다. 드디어 수술이 시작되고 학생들은 두 조로 나누어 수술하는 장면을 지켜본다. 학생들 역시 마스크를 착용하고 하얀 가운을 입고 숨 죽여 관찰한다. 수술대 위의 수술 로봇이 신기하기만 하다.

잠시 후 의사 선생님이 말씀하신 좁쌀 같은 돌을 찾아냈다.

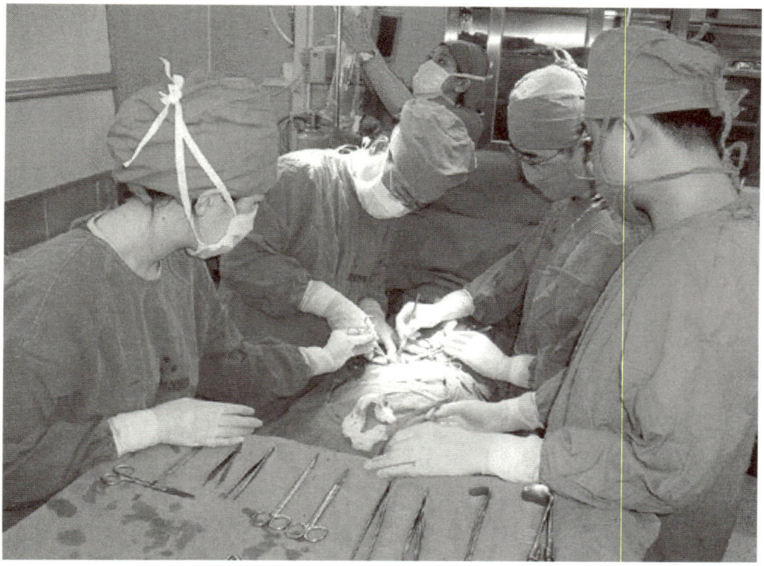

서울의 한 종합병원 수술실이 오늘의 생물 수업 장소다. 수술 장면을 직접 지켜보면서 아이들은 생생한 지식을 얻는다.

수술 시간은 약 20분밖에 걸리지 않았다. 의사 선생님이 아이들에게 자상하게 말을 건넨다.

"실제로 병원에서 수술하는 거 보니까 어때요?"

학생들은 저마다 할 말이 많다.

"과학 시간에 배웠던 기관들을 실제로 보니까 정말 새로워요. 그림과는 많이 다르네요."

"생각보다는 징그럽지 않았고 그것들이 실제로 내 몸에도 있다고 생각하니까 너무 신기해요."

"참 특별한 경험이었고요. 이런 자리를 만들어주셔서 정말 감사드려요."

아이들은 오늘 보았던 놀라운 장면을 어서 동생과 부모님께 이야기하고 싶어 벌써부터 입이 근질근질하다.

노작 활동으로 창의성을 열어라

"뭐 노작? 노작이 뭐야?"

"농사 아냐?"

"아, 이제 우리 학교가 고난도 학습도 모자라서, 농사까지 짓는구나."

처음 독수리학교가 노작 활동을 시작할 때 학생들은 걱정이 앞섰다. 도시에서 자란 아이들에게 농사라는 말 자체가 낯설기 그

지없었던 것이다.

우리가 흔히 일(Work)이라고 하면 직업, 작업 등이 떠오르지만 노작에는 무엇인가를 만들어낸다는 창조의 의미가 들어있다. 일은 결과를 중시하는데 반해 노작은 과정을 중시한다. 노작은 즐거움을 얻기 때문에 활동이 자유롭고 자발적이다. 또한 일에 비해 창의적인 가능성을 열어놓는다.

이곳 학생들은 단체 노작 활동을 위해 경기도 화성에 있는 마을 텃밭으로 현장학습을 떠나기도 한다. 현장학습에 동행하기로 했다.

"심을 때 흙을 너무 많이 파면 안 되고 물은 하루에 두세 번 정도만 주세요. 너무 많이 주면 죽습니다. 그리고 옥수수 새싹이 축 처졌을 때는 물을 충분히 주세요.

식물이 자라는 데는 햇빛, 물, 흙, 산소, 공기가 꼭 필요합니다. 또 차가운 곳이나 뜨거운 곳에서는 식물이 제대로 크지 않으니 적절한 온도가 유지되는 곳에서 길러야 합니다.

학생들은 생각보다 까다로운 '옥수수 키우는 방법'을 받아 적기에 바쁘다.

학생들은 조별로 앉아 있고 옥수수를 든 교사가 마이크를 잡았다.

"여러분들 옥수수 좋아하죠? 직접 키워보면 느낌이 또 다를 거예요. 최근에는 채소를 직접 재배해서 '무공해 식품'을 먹는 가정도 늘고 있다는 거 알고 있죠? ."

교사는 노작 활동을 통해 성경 말씀을 가르치는 것을 잊지 않는다.

"여러분, 씨를 뿌리면서 씨가 작다고 절대로 무시하지 마세요. 그 씨가 자라나면 생각보다 훨씬 큰 열매를 맺으니까요. 성경에 이런 말씀이 있죠? 천국은 마치 사람이 자기 밭에 갖다 심은 겨자씨 한 알 같으니 이는 모든 씨보다 작은 것이로되 자란 후에는 나물보다 커서 나무가 되매 공중의 새들이 와서 그 가지에 깃들이느니라(마태복음 13:31-32)."

선생님의 브리핑이 끝나자 학생들은 조를 나누어 바쁘게 움직이기 시작한다.

어른들의 도움 없이 아이들은 손과 머리를 맞대고 텐트를 친다.

"이거 큰 거는 내 꺼 할래, 이거 찌그러진 거 너 꺼!"

서로 놀리고 장난치면서도 일을 일찍 마친 친구는 손이 느린 친구를 도와준다. 오랜만에 진짜 시골다운 시골에 오니 가슴이 탁 트이는 것만 같다. 어느덧 저녁 해가 뉘엿뉘엿 지고 아이들은 씨를 뿌려 놓은 땅을 흐뭇하게 바라본 후 손을 씻으러 간다.

하지만 진짜 어려운 일은 지금부터 시작이다. 생전 처음 텐트를 쳐야 하는 것이다. 이때 도와주는 어른과 교사는 없다. 학생들끼리 머리를 맞대어 해내야 한다. 또한 하루 세끼를 조원들끼리 알아서 해결해야 한다.

저녁식사를 마치고 설거지 시간, 갑자기 한쪽에서 웃음이 터져 나왔다.

"야, 너 지금 뭐 씻는 거야!"

한 남학생이 그릇과 함께 다 쓴 가스통을 씻고 있었던 것이다.

"그걸 왜 씻어? 그냥 버리는 거야. 너 한 번도 안 해 봤구나?"

남학생의 얼굴이 귀까지 붉어졌다.

"아니, 이왕이면 깨끗하게 씻어서 버리려고."

저녁 설거지를 다 마치고 캠프파이어가 시작된다. 학생들과 교사들은 돌아가면서, 살아온 날들과 앞으로의 비전에 대해 이야기를 나누기 시작한다. 자기 차례를 마치고 난 다음에는 좀 더 멋들어진 문장으로 마음을 전달하지 못한 것이 못내 아쉽기만 하다. 하지만 이제까지 몰랐던 다른 친구들의 진심 어린 이야기를 들으며 마음 한 쪽이 찡해온다.

9학년 이현주

텐트가 좁아 비만 피해 더러운 바닥에서 주무신 장동준 선생님과 임진강 선생님 때문에 마음이 아팠습니다. 쏟아지는 비 때문에 계속 물길을 만드느라 연신 삽질하는 두 분의 모습을 보며 너무 죄송했고, 또 그 진심어린 마음에 감동했어요. 두 분 선생님 몸살이나 나진 않으셨는지. 정말 감사합니다.

밤늦게까지 친구들과 사진도 찍고 속이야기도 나누고, 또 선생

노작에는 '무언가를 만들어낸다' 는 창조의 의미가 들어 있다.

님의 사랑과 희생을 눈앞에서 볼 수 있었던 이번 노작 활동, 농작물보다 훨씬 더 값진 열매를 얻은 것 같아요.

예수님을 닮은 교사들

박민아 학생이 독수리학교에 가고 싶다고 말했을 때 사실 부모님은 반대를 했었다.

"엄마 아빠, 나 정말 잘할게요. 어딜 가든지 내가 열심히만 하면 되는 거 아닌가요?"

눈물로 부모님을 설득해서 어렵게 오게 된 학교. 그만큼 특별하게 여겨질 것 같다. 점심시간에 10학년 박민아 학생을 만나서 이야기를 나누었다.

- 바라던 학교 다니게 되니 어때요?

"다닌 지 딱 한 달 됐거든요. 이제야 수업 방식, 과제물의 양, 학교 분위기에 조금씩 적응이 되네요."

독수리 학교와 일반 학교의 가장 큰 차이점을 묻는 질문에 박민아 학생은 단 1초도 주저하지 않고 대답한다.

"선생님이요. 창의적인 수업, 열정적인 수업 물론 다 좋지만, 학생들을 진심으로 배려하는 마음이 느껴져요. 일반 학교에서는 분명히 화 내실 상황인데도 화를 내시지 않고 학생들을 부드럽게

다양한 책을 모아둔 도서관에서 아이들은 꿈을 키우고 미래를 준비한다.

달래려고 하는 선생님들의 노력에 저는 여러 번 감동받았어요. 가끔 눈물도 흘렸고요. 또 학생들의 시시한 수다에도 귀 기울여 주셔서 가깝게 느껴져요."

- 그밖에 좋은 점이 뭐가 있나요?

"모두 믿는 친구들이라 신앙 이야기를 거리낌 없이 할 수 있어서 편해요. 전에는 일요일에만 교회에서 성경을 보고 하나님께 기도를 드렸다면 이곳은 매일 매일이 주일 같아요."

잠든 아버지를 깨워라

아이들의 교육은 전적으로 아내 몫이고 어느덧 물질적인 뒷바라지만 해주는 존재가 된 것 같은 이 시대의 아버지들. 아이들과 제대로 된 대화는 커녕 얼굴도 잘 못 보고 지내기 일쑤다.

이러한 점에 착안해 독수리학교는 새로운 프로그램을 기획했다. 아버지를 교육에 적극적으로 포함시키는 '아버지 교실' 을 연 것이다.

다른 기독교 학교에서도 어머니들은 여러 기도회 등을 통해 학교의 교육철학과 방향에 대하여 교육을 받고 교육 활동에 참여하지만 아버지들이 그런 기회를 갖기란 쉽지 않다.

아버지 교육은 교장 선생님과 교목 목사님의 강의를 통해 진행되며, 뒤이어 기독교 교육에 관련된 책을 읽고 내용을 나누는 시간을 가진다. 특히 조모임을 통해 소소한 이야기들을 나누고 도움을 얻는다.

독수리학교 아버지 모임에 참석했다. 약 50여 분의 아버지가 바쁜 와중에도 시간을 내서 함께하는 모습이 참 보기 좋았다. 교장 선생님 혼자 여성일 뿐 모두 아버지들이다.

오늘의 강의 주제는 '아버지의 진정한 권위와 사랑' 이다.

"아버지는 권위의 상징입니다. 자녀가 이 땅에 태어나 권위를 배우는 첫 번째 스승이라고도 할 수 있죠. 어떻게 보면 아버지는 눈으로 볼 수 있는 하나님 같은 존재죠. 아이는 전적으로 아버지의 권위에 의존하여 보호받고 양육되며 삶의 필요를 공급받고, 그 안에서 안정감을 누리게 됩니다. 그렇게 아버지와의 관계에서 친밀감이 건강하게 형성되고, 아버지로부터 인정을 받은 아이는 살면서 마르지 않는 긍정적인 에너지를 소유하게 됩니다.

그런데 안타깝게도 대부분의 아버지들이 이런 사실을 잘 모르고 계세요. 경제적인 공급을 하는 것 외에 막상 '어떻게' 아버지 노릇을 해야 하는지 막막해하십니다."

참석한 아버지들을 찬찬히 둘러보던 교장 선생님은 다시 말을 이어간다.

"하나님 아버지의 권위는 사랑에서 출발합니다. 개념이나 말에 그치는 사랑이 아니라 친히 독생자를 내어주신 실천적 사랑이죠. 물론 아버지는 당연히 자녀를 사랑하시겠죠. 문제는 자녀들이 아버지의 사랑을 확인하고 싶어 한다는 것입니다."

"어떻게 하면 아이들이 저희 마음을 알까요?"

한 아버지가 질문을 던진다.

"자녀가 깨닫고 느낄 수 있는 방법으로 다가가야죠. 어렸을 때 아버지와 친밀한 추억을 쌓지 못한 사춘기 자녀들은 아버지와 함께 있는 것을 어색해해요. 그러나 늦었다고 생각할 때가 가장 빠른 때라고, 이제라도 시작하세요. 아이들이 '사랑'이라고 느낄 수 있는 방법으로 다시 시작하는 겁니다."

교장 선생님은 강의 후에 아버지들에게 과제를 내주었다. 과제는 일주일에 두 시간을 자녀들과 함께 보내는 것.

한 아버지가 대답했다.

"한번 해보죠."

교장 선생님이 살짝 웃더니 말을 이었다.

"한번 해보다니요. 그걸로는 부족하죠. '하겠습니다' 라고 해보세요."

"하겠습니다."

독수리학교의 교육 신조는 '가정과 함께 하는 교육' 이다. 그래서 자녀에 대한 모든 정보를 학교와 가정이 공유하며 자녀의 필요와 학교의 필요에 대해 가정과 학교에서 함께 짐을 진다. 그래서인지 형의 뒤를 이어 동생을 독수리중학교에 입학시키겠다는 가정이 늘고 있다. 이는 학부모들이 독수리학교의 교육방식에 전적으로 공감하고 있다는 것을 반증하는 것이다.

한 학부모는, 한 번 아이를 독수리학교에 보낸 이상 이제 일반학교에는 아이를 다니게 할 수 없다는 생각이 들었다고 한다.

무엇보다 아이가 즐거운 학교생활을 하고, 인격적인 대우를 받으며 지내고 있다는 확신이 들었기 때문이다. 일반 공교육에서는 그런 안도감을 느낄 수 없었다는 것.

활발하게 운영되고 있는 독수리기독학교의 인터넷 홈페이지에는 '교장실' 이라는 메뉴가 있다. 이곳에 단혜향 교장은 종종 학생들과 교사, 학부모들에게 메시지를 전한다.

이곳에 실린 다음 글을 읽고 나는 학교의 이름이 왜 '독수리' 학교인지 알게 되었다.

독수리는 날지 않습니다

날아간다는 것이 날개를 쳐서 이쪽에서 저쪽으로
옮겨가는 것을 의미한다면 말입니다.
독수리는 다른 새들과는 다르게 날아다닙니다.
선천적으로 바람의 흐름을 구별하는 능력을 가지고 있어서
적당한 바람이 불면, 단지 공중에 떠서
바람에 몸을 맡길 뿐입니다.
때문에 독수리는 날개를 칠 필요가 없습니다.
독수리가 하는 일이란 바람을 타는 것뿐입니다.
다른 새들은 폭풍을 두려워합니다.
그러나 독수리는 폭풍을 사랑합니다.
폭풍 때문에 독수리는 더 높이 날 수 있기 때문입니다.

독수리 같은 그리스도인들은
이를 악물거나 이마에 땀을 흘리면서 봉사하지 않습니다.
성령의 바람을 통해 하나님의 능력으로 봉사합니다.

이것은 열심히 일하지 말라는 뜻은 아닙니다.
다만 하나님의 능력으로 하나님의 일을 하지 않으면
어떤 것도 이룰 수가 없다는 것입니다.

- 니키 컴불, 『부흥의 본질』 중에서

그러고 보니 마인드 맵 수업 현장에서, 생물 수업에서, 노작 활동에서도 독수리학교의 아이들에게서는 무언가를 억지로 하는 기색을 찾아볼 수 없었다. 물 흐르듯 자연스럽게, 또 무엇보다 활달하고 재미있게 공부하고 발표하고 실습하는 모습이었다. 그리고 학생들 모두 원대한 꿈을 지니고 있었고 비상하는 독수리가 되고 싶어 했다.

그건 아마도 하나님이 우리를 위해 성령의 바람을 기꺼이 만들어주신다는 것을 이미 잘 알고 있기 때문이 아닐까.

벨국제학교

성경에 기반한 5차원 교육으로 세상 교육을 압도한다

5차원교육의 한 분야인 자기관리 영역은 삶의 문제들을 헤쳐 나갈 때 자신을 잘 조절하고 관리하는 능력을 갖추도록 훈련하는 과목이다. 시간, 재정, 언어, 태도 등을 관리하여 궁극적으로 자신의 능력을 가치 있는 곳에 쓸 수 있는 진정한 힘을 기르는 것이다. 즉 한 사람이 가진 능력을 최대한 펼쳐 행복하고 가치 있는 삶을 살도록 돕는 것이라고 할 수 있다.

- 홈페이지 : http://www.bellschool.or.kr
- 전화번호 : 041-733-6512
- 주소 : 충남 논산시 벌곡면 대덕리 162번지

여섯 번째 이야기

조금 오래된 듯한 2층 건물, 건물 뒤로는 산자락이 펼쳐져 있고 운동장 앞으로는 들판이 이어진다. 멀리서 보면 초등학생들이 뛰어노는 시골 학교 같지만 들어가 보면 전혀 다른 분위기다. 똘똘해보이는 고교생들이 눈을 빛내며 열심히 공부하고 있다. 이곳은 충남 논산의 기독 영재 학교인 벨국제학교이다.

초교파 복음주의 기독학교인 벨국제학교는 성경적인 교육으로 성숙한 삶과 실력 있는 리더를 세우며 성경적 교육실천운동을 펼치고 있다.

벨국제학교의 모태는 원동연(몽골국제대학 총장) 박사의 5차원 전면교육과, 그것을 성경에 접목한 이홍남(벨본부교회) 목사 그리고 성경적 세계관 운동을 펼치고 있는 이종범(원광대 교수) 박사가 1998년 창설한 기독교 교육 단체다.

"벨 교육은 지난 10여 년 동안 '성경 교육이 세상 교육을 압도

한다'는 주제를 가지고 기독교계에 신선한 바람을 일으켰고, 교육계에도 일대 혁명을 가져왔습니다."

교장 이홍남 목사의 말투에는 자신감이 묻어났다. 벨국제학교에 대한 나의 궁금증도 더욱 커지고 있었다. 세상 교육을 압도하는 성경 교육……. 모든 기독교 대안학교의 궁극적인 소망이 아니던가? 구체적으로 '어떤' 방법으로 세상 교육을 '압도'한다는 것일까?

"벨국제학교는 5차원 교육을 한국에 심기 위한 하나님의 계획 가운데 세워졌습니다. 우리 학교는 국제학교라는 이름에 어울리는 내실 있는 교육을 위해 최선을 다해 노력하고 있어요. 이미 교사들의 마음을 뜨겁게 하신 주님께서 이제는 학부모와 학생에게도 같은 마음을 품으라고 하십니다. 화려한 시작은 아니지만 바른 정신으로 무장한 학교를 세워나가라고 여러 가지 기도 제목도 주셨고요.

우리 학교에서 미래 사회에 꼭 필요한 5차원 교육을 받은 훌륭한 인재가 길러져서, 지구촌 곳곳에 하나님의 나라가 아름답게 확장될 걸 생각하면 가슴이 벅차오릅니다."

아무래도 '5차원 교육'이 키워드인 것 같다. 이홍남 교장이 말을 잇는다.

"또한 벨국제학교는 국제학교라는 이름답게 이미 미국 DIA대학과 몽골국제대학 등과 지속적인 자매결연을 맺고 있고, 이를 통해 학생들은 국제적인 감각과 능력을 익히고 있습니다."

5차원 교육이 궁금하다

벨국제학교를 이해하기 위해서는 무엇보다 벨 교육이 추구하는 '5차원 교육'이 무엇인지 알아야 한다. 교장 선생님과의 대화를 통해, 나는 5차원 교육에 대한 일목요연한 설명을 들을 수 있었다.

"사람이 인생에서 승리하려면 무엇보다 끊임없이 다가오는 어려움을 이길 수 있는 힘을 지녀야 합니다. 인간은 역경을 이겨내면서 성장하고 성숙하니까요.

그런데 이 힘은 바른 세계관에 근거한 진리 안에서 자신의 달란트를 최대한 발휘하고, 또 그것을 통해 다른 사람을 도울 수 있는 지도력과 비전이 있을 때 비로소 생깁니다. 이런 지도력과 비전을 갖춘 사람은 또한 세계를 품는 마음을 지녀야 합니다. 말하자면 어디에 있든 세계를 바라보며 인류를 사랑하는 글로벌 마인드를 지녀야 한다는 거지요."

이런 인재를 이 교장은 '다이아몬드 컬러의 글로벌 리더'라고 표현하며, 이들에게 반드시 필요한 것이 바로 5차원 교육이라고 강조했다.

"참과 거짓을 구별할 줄 아는 지력, 지식을 내면화할 수 있는 심력, 내면화된 지식을 실행시킬 수 있는 체력, 에너지를 가치 있는 곳에 분포시킬 수 있는 자기관리 능력, 남을 섬길 수 있는 인간관계 능력, 이 다섯 가지 요소를 골고루 계발하는 교육이 바로 5차원 교육입니다."

체력, 지식을 실행하는 힘

사람에게 기본적으로 가장 중요한 것은 건강이다. 건강을 잃어버리면 모든 것을 잃어버리는 거라는 말도 있지 않은가?

'일어나라 찬양을 드리라 우릴 구원하신 주께……'

새벽 5시 59분. 새벽 기상나팔과 함께 찬양이 기숙사에 울려 퍼지고, 전교생이 운동장에 하나 둘 모여든다. 잠시 후 남학생, 여학생 할 것 없이 모두 운동장을 돌기 시작한다. 한 바퀴, 두 바퀴, 세 바퀴……. 아이들의 달리기는 계속된다. 멈추질 않는다. 도대체 몇 바퀴에서 끝나는지 나도 끈질기게 세어보기로 한다. 결과는 놀라웠다. 남학생은 모두 열다섯 바퀴를, 여학생은 열 바퀴를 돌았다! 이런 달리기는 날마다 반복된다.

벨국제학교 학생들에게, 체력이란 잘빠진 몸매나 강한 힘을 과시하는 수단이 아니다. 그들이 아침마다 운동장을 달리며 체력을 기르는 이유는 하나님이 주신 달란트와 사명을 최대한 발휘하고

바른 삶을 살기 위한 강건하고 순결한 몸의 힘을 기르기 위해서다. 그래서 벨국제학교는 건강함보다 오히려 성결함을 더 중요하게 여긴다. 성결함이야말로 결국 자신을 바르게 지킬 수 있는 힘이기 때문이다.

나는 열 바퀴를 다 돌고 숨을 고르고 있는 한 여학생에게 다가갔다. 땀에 젖은 얼굴이 건강해 보인다.

- 열 바퀴를 돌았는데……별로 힘들어 보이지 않네요?

"네. 별로 힘들지 않아요. 매일 하니까 이제 익숙해요."

- 아침마다 운동을 해서 그런지 에너지가 넘치는 것 같네요.

"네. 처음엔 아침에 일찍 일어나는 게 정말 힘들었는데, 이제는 하루 일과를 맑은 정신으로 시작할 수 있어서 참 좋아요. 체력을 꾸준히 쌓아왔기 때문에 9교시까지 있는 빡빡한 수업을 졸지 않고 집중해서 들을 수도 있고요."

- 예전에도 이렇게 아침 운동을 했나요?

"중학교 때는 아침 7시 30분 정도에 일어나 학교 갈 준비를 했었죠. 학교 끝나고 학원을 갔다 오면 다음날 일어나기도 힘들고 학교에서 졸 때도 많았어요.

처음에는 이곳에 와서 6시에 일어나는 것이 무척이나 힘들었죠. 채 떠지지도 않는 눈으로 아침 운동을 하는 것이 귀찮았고 매주 운동 강도도 높아져서 많이 힘들었어요. 하지만 몇 주가 지나니까 6시에 저절로 눈이 떠지고 운동을 가볍게 할 수 있게 되었어요. 수업 시간에도 졸리지 않고 밤늦게까지 집중해서 공부할 수 있는 힘도 생겼고요."

지력, 참과 거짓을 구별하라

벨 교육은 각자에게 주어진 지적인 달란트를 최대치까지 발휘하기

벨국제학교의 독특한 교육 방법인 안구 훈련을 받고 있는 학생들.

위해 학생들에게 '물고기를 잡는 법'을 익히게 한다. 말하자면 지식을 억지로 떠먹이는 것이 아니라 공부하는 방법을 가르쳐서 스스로 필요한 것을 공부하도록 하는 것이다.

벨국제학교의 지력 교육은 특별하다. 학생들은 안구 훈련, 9단계 학습법, 약점목록표 작성, 독서 토론 등을 통해 지혜 위주의 학습 방법을 익히고 훈련하여, 지적 능력을 최대한 끌어올린다. 이런 훈련을 통해 습득한 지식은 학습 능력을 향상시킬 뿐 아니라 더 나아가 '진리'를 발견하는 데까지 이르도록 한다. 한 교사는 지력 훈련에 관해 이렇게 말한다.

"지력 훈련은 궁극적으로 '참과 거짓을 분별할 수 있는 힘'을 기르는 걸 목적으로 합니다. 사람은 지혜 위주의 올바른 방법을 알고 훈련하면 자신이 가진 능력을 최대치까지 향상할 수 있기 때문이죠. 이것은 단순히 학교 공부에만 머무르는 게 아닙니다. 사실 우리 삶에서 가장 중요한 것은 궁극적인 진리를 발견하는 것 아니겠습니까?"

지력 훈련을 통해 학생들은 날마다 엄청난 분량으로 쏟아져 들어오는 정보들 가운데 현재의 상황에 올바른 것이 무엇인지 판단하고, 거짓된 정보와 가치 없는 정보를 날카롭게 끄집어내는 힘이 생긴다. 이것이 지력의 핵심적인 역할이다.

지력의 기본 요소는 입수, 심화, 표출이다. 지력은 과목을 통해 따로 배우는 것이 아니다. 교과과정과 학교 생활 곳곳에 아주 자연스럽게 스며 있다.

수업 전, 이른 아침에 지력 학습을 돕기 위한 안구 훈련을 하고 있는 성훈이를 만났다. 성훈이 앞에는 내용은 없고 동그라미만 가득 차 있는 책이 펼쳐 있다.

- 지금 뭐 하는 거예요?

"동그라미 줄을 빨리 훑으면서 정확하게 읽어가는 거예요."

- 이런 안구 훈련을 하는 목적이 뭐죠?

"정보를 입수하는 양을 늘리는 거죠. 눈동자를 좌우로 빠르게 이동하는 연습을 할 수 있거든요."

이렇게 연습한 성훈이의 독서 능력은 한 달에 평균 1.5배씩 좋아졌다. 책이나 교과서를 볼 때 자기도 모르게 안구 훈련법으로 읽게 되어 남들보다 짧은 시간에 더 많은 정보를 받아들일 수 있게 된 것이다. 문득 많은 정보를 읽는 것도 중요하지만 그것을 자기 것으로 만드는 게 더 중요하지 않나 하는 의문이 들었다. 그 부분에 대해 성훈이는 다음과 같이 답한다.

"우리는 책을 읽으면서 자기가 이해한 부분까지 빗금을 치는 훈련을 해요. 그걸 '사선' 이라고 하죠."

- 사선이요?

"네. 학교에서 처음 '사선 치기'를 시켰을 때는 굉장히 귀찮고 불편했어요. 눈으로만 읽는 게 익숙한데 손으로 이상한 줄을 그으며 읽으려니 짜증도 났고요. 하지만 계속 사선을 치고 읽어버릇하니까 어디까지 이해했는지 확실하게 알 수 있어서 참 좋더라고요. 어떤 글을 읽든 이해가 되지 않으면 맨 처음으로 가는 게 아니라 바로 전 사선까지만 가면 되니까 굉장히 효율적이에요."

벨국제학교의 독특한 학습법으로 '고공 학습법' 또한 빼놓을 수 없다. 고공 학습법 덕분에 학생들은 전체를 본 후 소주제를 보는 능력이 아주 탁월했다.

고공 학습법이란 '먼저 숲을 본 다음 나무를 보는' 학습법이다. 간단히 말하면 먼저 공부할 전체 단원을 쭉 살핀 다음 소단원을 정리하는 방식이다. 이렇게 정리를 해나가면 서로의 상관관계가 드러나 한참 후에도 공부한 내용을 쉽게 잊어버리지 않는다. 책을 읽기 전에 목차를 읽으면 그 책의 내용을 어느 정도 예측해볼 수 있는 것과 동일한 이치다.

고공학습법을 통해 내용을 이해한 학생들의 다음 단계는 '표출', 바로 발표와 쓰기다. 벨국제학교의 수업은 3분의 1이 발표로 진행된다. 자신의 특별한 생각이 없으면 만들어서라도 발표를 해야 한다. 숙제의 99퍼센트 이상이 쓰기 숙제인 점도 특징이다.

심력, 지식을 내면화하라

"너희 중에 누구든지 지혜가 부족하거든 모든 사람에게 후히 주시고 꾸짖지 아니하시는 하나님께 구하라 그리하면 주시리라 오직 믿음으로 구하고 조금도 의심하지 말라 의심하는 자는 마치 바람에 밀려 요동하는 바다 물결 같으니."

벨국제학교 학생들은 삼삼오오 모여 날마다 하나님의 말씀을 나눈다.

"혜승아! 너 오늘 기도 제목이 뭐야?"

"나, 어제 엄마랑 전화하다가 막 짜증을 냈는데 지금 너무 후회돼. 엄마에게 다시는 화내지 않도록 기도해줘."

"민지, 넌?"

"요즘 내가 너무 나 자신만 생각하는 것 같아. 주변 친구들도 나처럼 소중하게 생각할 수 있도록 기도해줘."

"그래, 우리 손잡고 기도하자."

혜승이와 친구들은 아침마다 모여서 큐티(QT)를 한다. 말씀 묵상은 벨국제학교의 모든 학생들의 생활에 빼놓을 수 없는 부분이다. 왜 그토록 말씀 묵상을 강조하는 걸까? 말씀 묵상은 벨국제학교에서 강조하는 심력 강화 교육과 밀접한 관련이 있다.

모세가 죽은 후에 하나님께서 여호수아와 백성들에게 가장 먼저 강조한 것이 바로 마음의 힘이었다. 왜 하나님은 마음의 힘을

또래 친구들 혹은 교사와 함께 하는 큐티(QT) 시간은 학생들의 마음의 힘을 길러주는 가장 소중한 순간이다.

그토록 중요하게 여기셨을까? 그것은 유혹과 환란의 시대를 이겨 나가는 힘은 육체적인 힘이나 물리적인 억압에 의한 것이 아니기 때문이다. 또한 마음의 밭이 좋아야만 좋은 열매를 맺을 수 있기 때문이다. 예나 지금이나 하나님이 들어 쓰는 자는 마음이 깨끗한 사람이다.

벨국제학교 학생들은 심력을 기르기 위해 고공표 작성, 3분 묵상, 연극 등의 활동을 한다. 이를 통해 삶의 목표를 분명하게 설정하고 자극에 대해 적절하게 반응할 수 있는 힘을 키우며, 또한 책임감을 지니도록 교육받는다. 또한 풍부한 정서를 길러 창의성과 상상력을 발휘하도록 하며, 끊임없이 감동적인 글을 읽고 느낀 점을 기록하도록 한다. 나아가 다른 사람을 배려하는 삶을 통해 지식을 내면화하는 힘을 기르고자 한다.

혜승이는 벨국제학교의 5차원 교육에 대해 알기 전에는 무척 부정적이고, 자신감이 없는 학생이었다.

"전 어려서부터 존재감 없는 아이로 자신감을 잃고 지내왔어요. 잘하는 것도, 잘난 것도 없는 사람이라고 스스로 생각했고요. 사실 어려서부터 언어장애 때문에 늘 놀림을 받아왔거든요. 그래서 친구 사귀는 것도 포기하고 마음의 문을 닫고 살았어요. 물론 미래 같은 건 생각하지도 못하고 순간순간을 살아왔어요. 그냥 현실을 회피하면서.

그랬던 제가 달라졌어요. 예전에는 말 꺼내기가 무섭게 눈물부터 나오던 과거 이야기를 웃으면서 할 수 있어요. 무엇보다 긍정적으로 생각하게 되었고 미래를 꿈꾸기 시작했어요."

- 정말 엄청난 변화네요.

"물론 저는 여전히 소극적이고, 요즘도 가끔 부정적인 생각에 잠겨서 우울해지기도 해요. 하지만 예전에 비하면 정말 달라졌죠. 더 달라지기 위해서 노력하고 있고요. 심력에 관련한 교육 과정 가운데 나를 가장 많이 변화시킨 건 큐티였어요. 늘 우리 중보팀과 하나님의 말씀을 읽고, 묵상한 걸 함께 나누고, 또 좋은 글을 읽고 느낀 점이나 실천할 것들을 나누는 게 좋아요. 그런 것들을 혼자만 간직하는 게 아니라 친구들과 선생님과 함께 나누면서 마음의 힘도 길렀을 뿐 아니라 인간관계에도 큰 도움이 되었어요. 물론 처음부터 좋기만 한 건 아니었어요. 그때 저는 신앙심도 거의 잃어가던 상황이었고 제 마음은 굳게 닫혀 있었거든요. 그에 비해 다른 친구들은 신앙심도 가득하고 마음도 밝아보였어요. 또다시 나만 외톨이구나 하고 생각했죠. 하지만 지금은 아무렇지도 않아요."

그렇다면 혜승이가 마음의 문을 열고 이렇게 변할 수 있는 힘은 어디에서 나왔을까?

이곳에서 친구는 경쟁자가 아니라 영적 지원군이자 동역자다.

- 아침마다 하나님 말씀을 친구들과 나누고 기도하는 것이 혜승이의 삶에 어떤 영향을 주었나요?

"큐티에서 가장 좋았던 건 서로를 위해 기도해주는 거였어요. 전 누군가를 위해 기도해본 적이 거의 없었거든요. 사실 내 자신을 위해서도 그다지 기도하지 않았고요. 그런데 큐티를 통해 말씀을 묵상하면서 나도 모르는 사이에 신앙심이 조금씩 자라났어요. 또 친구들과 함께 기도하면서 마음도 점점 긍정적으로 변해갔고요. 애들과 더 친해지고 나서는 우울하지 않게 해달라는 기도 제목을 솔직하게 내곤 했는데, 친구들이 기도해준다고 하면 가끔은 바로 풀리기도 해요. 날마다 하는 큐티가 나에게 마음의 힘을 주었을 뿐 아니라, 친구들과도 잘 어울릴 수 있게 해준 거예요."

혜승이는 큐티를 하는 유익을 또 이렇게 말한다.

"아침마다 말씀 묵상을 하니까 오늘 하루를 어떻게 보낼까 계획하게 되고 열심히 살아야겠다는 의지가 솟아요."

- 이젠 성격도 긍정적으로 바뀌어서 새로운 친구들이 많이 생겼겠네요?

"음……이곳 학교에 와서 책을 많이 읽었는데요. 제 힘든 과거란 것도 책에서 만나는 다른 사람들의 고생에 비하면 아무 것도 아니더라고요. 몸이 불편하거나 많이 아픈 사람들, 아프리카에서 굶주리고 있는 사람들을 생각하면서 나는 너무 많은 걸 가진 사람이라는 걸 깨달았죠."

혜승이는 스스로를 못나고 불쌍하다고 생각했던 것이 지금은 너무나 부끄럽다고 한다. 또 '감사하다'는 감정을 느낄 수 있다는 것 자체가 참 신기하다고 덧붙인다.

"예전엔 부정적인 감정에 너무 깊이 빠져 있어서인지 좋은 글을 읽어도 별 반응이 안 왔어요. 내 자신에 대해 감사한다는 건 생각지도 못했고요. 그런데 이곳에 와서 여러 가지를 배우고 느끼면서 마음이 점점 강해졌어요. 또 소극적인 성격도 조금씩 변해서 누군가가 먼저 다가오기를 기다리지 않고 내가 먼저 다가가게 됐죠."

혜승이는 지금 너무 행복하다고 한다. 긍정적인 마음으로 즐겁게 웃는 자신을 사랑할 수 있으니 말이다.

자기관리 능력, 에너지를 가치 있는 곳에 써라

5차원교육의 한 분야인 자기관리 영역은 삶의 문제들을 헤쳐 나갈 때 자신을 잘 조절하고 관리하는 능력을 갖추도록 훈련하는 과목이다. 시간, 재정, 언어, 태도 등을 관리하여 궁극적으로 자신의 능력을 가치 있는 곳에 쓸 수 있는 진정한 힘을 기르는 것이다. 즉 한 사람이 가진 능력을 최대한 펼쳐 행복하고 가치 있는 삶을 살도록 돕는 것이라고 할 수 있다.

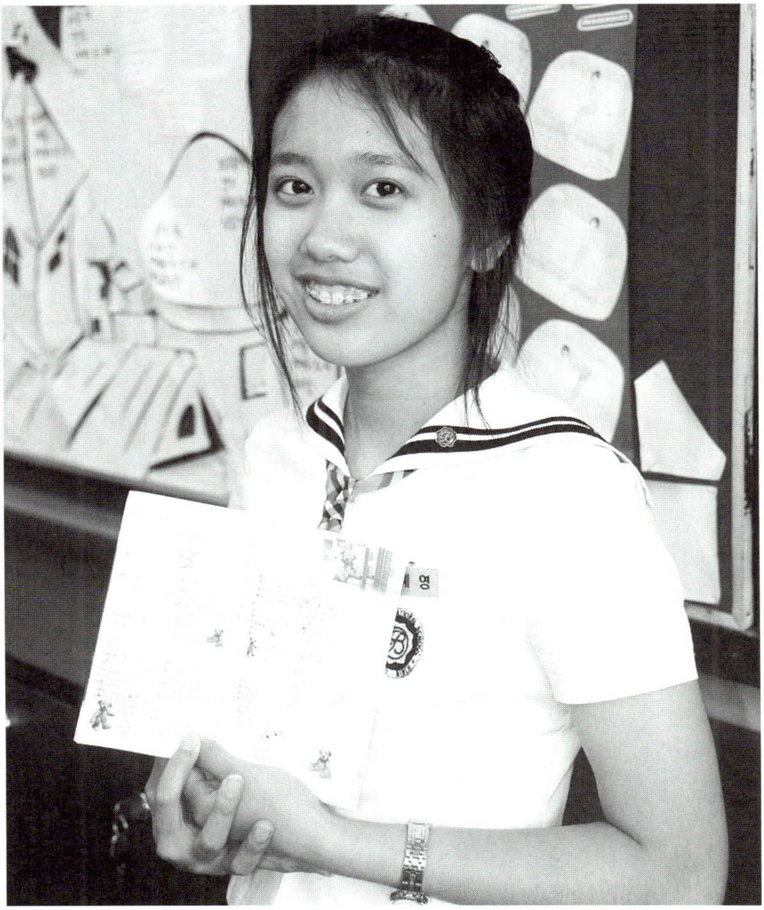

벨국제학교의 모든 학생들은 CEO 못지않은 플래너를 늘 가지고 다니면서 시간 관리를 한다.

진정한 실력자가 되려면 자기관리 능력이 뛰어나야 한다. 똑같은 에너지를 가지고 있더라도 그것을 어떻게 쓰느냐에 따라 결과가 달라진다. 그러므로 중요한 것은 능력을 얼마나 갖고 있느냐보다는 자신이 가진 능력을 어떻게 사용하느냐이다. 시간을 예로 들어보자.

시간은 하나님이 우리에게 주신 특별한 축복이다. 예수님은 시간 경영의 달인이셨다. 그는 공생애 기간 동안 철저한 시간 관리로 모든 일정을 소화해냈다. 병든 자를 고치고 복음을 전파하며, 제자들을 가르치고 양육하는 등 식사할 겨를도 없이 바쁘셨음에도 해야 할 모든 일들을 완수했다.

벨국제학교 학생들은 모두 플래너를 가지고 있다. 마치 예비 CEO처럼 한 손에 플래너를 쥔 최예영 학생을 만나보았다.

"저도 처음부터 시간 관리를 잘 한 건 결코 아니었어요."

하지만 예영이의 삶은 이제 완전히 바뀌었다. 5차원 영역의 하나인 자기관리를 배우면서 시간을 어떻게 활용해야 하는지 알게 된 것이다.

"예전에는 졸음을 억지로 참아가며 들어오지도 않는 내용을 꾸역꾸역 머리에 넣으려고 했어요. 하지만 시간 관리에 대해 배운 뒤부터 저녁 늦게 공부하는 습관을 과감히 버렸어요. 밤늦게까지 헤롱거리면서 시간을 허비하기보다는, 일찍 자고 일찍 일어나서 시간을 더 알차게 활용하는 게 훨씬 효율적이라는 걸 깨달았거든요."

- '올빼미형 인간'에서 '아침형 인간'으로 변신한 건가요?

"예, 맞아요. 밤에 하려고 붙들고 있던 공부와 숙제를 내려놓고 일찍 자고 일찍 일어나는 생활습관을 만들려고 노력했어요. 그러면서 하루 24시간 중에 내가 버리고 있는 시간을 체크해보았는데요, 글쎄 사용하는 시간보다 버리는 시간이 더 많지 뭐예요!"

충격을 받은 예영이는 그때부터 '잃어버린' 시간을 꼼꼼하게 되찾아보기로 했다고 한다.

"아침 운동이 끝나고 일과를 시작하기 전까지의 20분 정도의 휴식 시간, 수업이 끝난 후 10분의 쉬는 시간, 점심과 저녁을 먹고 난 뒤 30분의 쉬는 시간……. 그런 시간은 늘 맥이 풀린 상태로 멍하니 지낼 때가 많았어요. 내가 미처 생각하지 못했던 시간들이었죠.

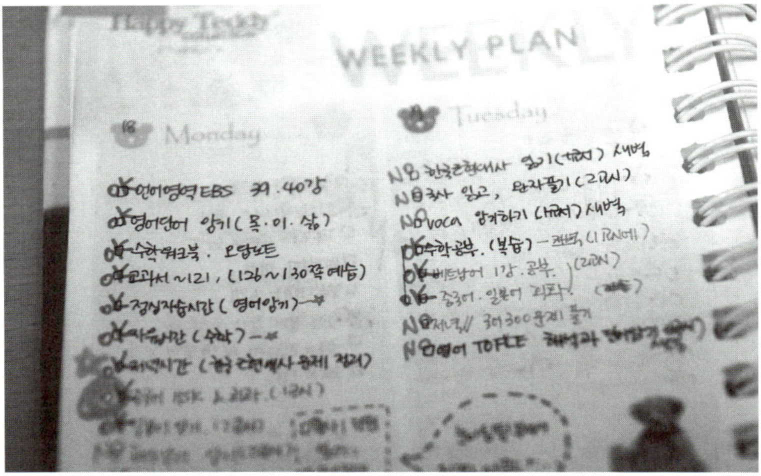

벨국제학교 학생의 플래너를 펼쳐보았다.

이런 것들을 깨닫고 나서 남는 시간까지 포함해서 공부 계획표를 다시 짰어요. 선생님께서 계획표를 짜는 걸 많이 도와주셨어요. 구체적이고 현실적이고 지금 당장 실천할 수 있는 계획을 세웠더니 나에게 주어진 하루가 더욱 귀중하게 느껴졌죠."

그렇게 확 달라진 계획표를 가지고 생활하면서 시간을 더욱 효율적으로 사용할 수 있었음을 물론, 성적 향상에도 큰 효과를 보았다.

예영이의 플래너를 보는 순간, 나는 놀라움을 감추지 못했다. 웬만한 CEO 버금가는 스케줄로 그날 해야 할 일이 시간대별로 빡빡하게 적혀 있었다.

'아침식사 후에는 성경 읽기, 각 교시가 끝난 뒤 10분에서 5분은 배운 과목 복습, 5분은 중국어 단어 한 개 외우기, 점심 식사 후 남는 시간에 책읽기, 저녁식사 시간의 쉬는 시간에 푹 쉬기 그리고 …….'

승혜는 이제는 1초의 시간도 자신의 통제 밖으로 흘러가게 내버려두지 않을 수 있어 무엇보다 커다란 자신감이 생겼다고 한다. 이 자신감은 다른 학교에서는 좀처럼 찾기 힘든 벨국제학교의 5차원 자기관리 능력에서 비롯한 힘이다. 승혜는 다음과 같은 말로 이야기를 마친다.

"이 힘을 통해 형성되는 삶의 에너지를 가치 있는 곳에 사용할 수 있길 기도하고 있어요."

인간관계 능력, 다른 사람을 섬겨라

인간관계 능력은 5차원 전면교육의 결정체라 할 수 있다. 인간관계는 우리 삶에서 늘 존재하는 가족, 이웃, 그밖의 타인들과의 관계를 잘 정립하는 힘이다. 또한 공동체 의식을 지니고 다른 사람을 섬길 수 있는 힘이며 예수님의 명령에 따라 세계를 품는 힘이 되기도 한다.

'새 계명을 너희에게 주노니 서로 사랑하라 내가 너희를 사랑한 것 같이 너희도 서로 사랑하라 너희가 서로 사랑하면 이로써 모든 사람이 너희가 내 제자인 줄 알리라.'

벨국제학교의 인간관계 교육은 요한복음 13장 34-35절 말씀을 모토로 삼고 있다.

하루 일과를 마친 밤 10시. 조용한 적막이 흐르는 캠퍼스에서 기숙사만큼은 반딧불처럼 환하게 빛난다. 하루 일과의 끝인 점호를 받기 위해 학생들은 각자의 방을 청소하고 있다. 그 이후에는 원하는 학생들은 자습실에서 공부를 하고 나머지는 잠자리에 든다.

이레는 방안에서 혼자 공부하는 습관을 갖고 있다. 하지만 이레의 룸메이트는 방안에 불빛이 있으면 잠을 이루지 못한다.

"이레야! 아직 멀었어?"

"어, 그래 알았다. 이그, 내가 나가서 할 테니까 잘 자."

"미안, 나 잘 때 조그마한 불빛이라도 있으면 잠이 안 와서."

"알고말고. 그래 잘 자고 내일 새벽에 보자."

"고마워, 친구. 와, 이제 두 다리 쭉 뻗고 자겠다."

자습실로 향하는 이레를 만나 이야기를 건넸다.

- 집을 떠나 이렇게 오래 생활하는 것은 처음일 텐데 친구들과 같이 살면서 갈등이 있지 않나요?

"당연히 있죠. 하지만 문제를 회피하고 무시하기보다는 부딪쳐서 풀어나가는 방법을 배우게 되는 것 같아요. 학교 공부도 물론 중요하지만 이런 경험들이야말로 성숙한 리더의 자질이잖아요. 그래서 이곳에서 인간관계라는 어려운 숙제를 하나씩 풀어가면서 내 안의 힘을 길러가고 있다고 생각해요."

이레는 벨국제학교에 들어오기 전까지는 세상에서 가장 쉬운 일이 인간관계라고 생각했다. 성격상 누구와도 잘 지내왔던 터라 친구도 많았고, 사람 때문에 힘든 적은 한 번도 없었다는 것. 그렇지만 이곳에 오고 나서야 지금까지의 인간관계가 모두 자기 위주였다는 것을 깨닫게 되었다.

"철없던 초등학교, 중학교 시절에는 남을 괴롭힌 적도 많았어요. 내가 다른 사람한테 당해본 적이 없었으니까 괴롭힘을 당하는 사람의 입장을 생각해본 적이 없었죠.

하지만 벨국제학교에 들어오고 나서 저의 생각과 행동에 많은 변화가 왔어요. 인간관계가 삶에서 가장 어려운 부분이라는 걸 깨닫게 된 거죠."

이레는 계속 말을 이었다.

"예전 같으면 '마음이 안 맞으면 같이 안 놀면 되고, 마음 맞는 친구들이랑만 잘 지내면 되지' 라고 생각하며 살아왔는데 여기 와서 그런 생각들이 많이 바뀌었어요."

- 구체적으로 어떻게 바뀌었는데요?

"배려를 배웠어요. 공동체라는 이름으로 서로를 한 가족처럼 위해줄 수 있는 배려. 사실 실제 가족도 한 지붕 아래 산다는 게 쉽지만은 않은 일이잖아요. 서로 위하고 이해하고 희생해야 하니까.

일반 인문계 고등학교에서는 친구의 노트 한 권을 빌려보는 것도 어렵잖아요. 우리 학교에서는 그런 광경은 절대 볼 수 없어요. 오히려 서로 공유하죠. 모두가 함께 성적이 오르길 바라면서 공부하니까……. 공부 때문에 친구 사이가 멀어지거나 서먹해지는 일은 절대 없어요.

요즘 일반 학교에서는 공부 때문에, 인간관계 때문에 자살하는 학생들도 자주 있던데, 여기는 아니에요. 힘든 친구가 있으면 많은 것은 못해주더라도 함께 기도를 해줘요. 그게 벨국제학교 학생들의 배려인 것 같아요. 우리는 그런 사랑으로 인간관계를 배우고 실천하고 있어요."

열매반 여이레

서로 사랑한다는 것

서로 미워하고 싫어했던 일들이 지금 생각하면 정말 철없게만 느껴지고 서로에게 미안해진다. 하지만 그런 일들이 지금은 웃으면서 모두 얘기할 수 있는 추억거리처럼 느껴지기도 한다. 서로를 사랑한다는 것. 하나님이 우리에게 주신 최고의 선물이자, 인간이 풀기 어려운 최고난이도의 문제라고 생각한다. 인간관계는 곧 사랑이다. 사랑이 없으면 인간관계는 형성되기 어렵다. 사랑으로 서로를 배려해주는 것이 바로 공동체이자 진정한 인간관계다.

잠언 22장 6절에 '마땅히 행할 길을 아이에게 가르치라 그리하면 늙어도 그것을 떠나지 아니하리라' 라는 말씀이 있다. 이것을 영어 성경에서 찾아보면 이렇다.

'Train a child in the way he should go, and when he is old he will not turn from it.'

여기서 '가르치라' 의 영어 표현이 'train' 이란 것을 알 수 있다. 가르치고 훈계하는 것이 아니라 훈련시키고 길을 들여야 한다는 것이다.

벨국제학교의 학생들은 오늘도 지력, 심력, 체력, 자기관리 능력, 인간관계 능력을 훈련받고 있다. 가장 중요한 시기에 평생까지 이어질 습관들을 몸과 마음 구석구석에 새기고 있다. 아침 일찍 일어나 운동장을 도는 것부터 시작해 CEO처럼 철저하게 플래너를 작성하고 활용하는 것까지 어른들도 쉽게 실천하지 못하는 것들을 척척 해내고 있는 이들이 자랑스럽기만 하다.

샘물기독학교

그리스도의 제자를 기르는
디지털 시대의
아날로그 공동체

"모든 것의 결론이 쉽게 '하나님'이 되는 것은 경계해요. 수업이 설교가 되면 아이들의 사고가 단순화될 위험이 있거든요. 우리 사회의 규칙을 이야기하면서 자연스럽게 하나님의 세계를 이야기하면 성경과 교과목이 통합될 수 있죠."

• 홈페이지 : http://www.smcs.or.kr
• 전화번호 : 031-715-1092
• 주소 : 경기도 성남시 분당구 정자동 131-1 분당타운 3층

일곱 번째 이야기

초등학교 6학년 남학생 김군의 오후를 살펴보자.

학교가 끝나면 가방을 벗어던진 채 친구들과 PC방으로 향한다. 집에도 컴퓨터가 있지만 엄마의 잔소리 때문에 마음대로 게임을 할 수 없어서다. 음침한 지하 PC방 담배 연기 속에서 게임을 한 지 몇 시간 째, 지금이 몇 시인지도 모르겠다. 다만 학원에 가야 할 4시가 넘었다는 것 정도는 안다. 컵라면으로 끼니를 때우고 옆자리 친구가 집에 간 뒤에도 게임을 마저 한다. 그나저나 엄마한테 뭐라고 둘러대지? 진동이 울린다. 얼른 핸드폰을 꺼놓는다.

이번에는 초등학교 5학년 여학생 이양의 아침을 따라가보자.

아침에 일어나니 침대 옆 핸드폰 문자 알리미가 깜빡거린다. 어제 밤늦게까지 친구와 문자를 주고받다 잠이 들었는데 확인하지 못한 게 있었다 보다. 원래 학원에서 늦게 끝날 때 연락하라고 엄마가 사준 것이지만 친구들과 문자 보내고 MP3 듣고 사진 찍고 게임하는데 사용한다. 핸드폰으로 할 일이 너무나 많다. 그런데 등교 준비를 서두르느라 핸드폰을 안 가져왔나보다. 집에 들어갔다가 오면 지각이지만 얼른 뛰어 들어간다. 하루 종일 핸드폰 없이 불안하고 재미없이 보내는 것보다는 학교에 지각하는 것이 낫다.

중·고등학생보다 초등학생의 온라인 게임 중독의 위험성이 더 심각하다는 연구결과가 있다. 초등학생은 중·고등학생보다 비교적 시간이 많은데다 네트워크 게임에 무분별하게 빠져들기 쉬운 나이기 때문이다.

요즈음 어지간한 초등학생들은 거의 모두 휴대폰을 가지고 있다. 없는 아이들은 부모님을 졸라서 기어이 장만하고야 만다. 전자파의 악영향도 무시할 수 없을 것 같은데 아이는 손에 땀이 날 때까지도 핸드폰을 놓지 않는다.

과연 우리 아이는 이런 흐름에서 얼마나 벗어날 수 있을까?

멀티미디어에서 자유하라

눈만 돌리면 요란스러운 휴대전화기 광고가 펼쳐지고 게임을 하지 않으면 친구들과 말이 통하지 않는, 너도 나도 디지털 세상을 부르짖는 시대에 핸드폰, 텔레비전, 게임, 영화와는 상관없이 사는 학생들이 있다. 분당 정자동에 위치한 기독교 대안학교인 샘물초등학교 학생들이 그들이다. 샘물초등학교 학생들은 그 흔한 핸드폰도 학교에 가져오지 않고, 마지막으로 게임을 해본 것이 언제인지 기억이 나지 않는다고 한다.

샘물기독학교의 교목인 임경근 목사를 만났다.

- 샘물기독학교는 멀티미디어를 규제한다고 들었습니다.

"예, 맞습니다. 샘물기독학교 학생들한테는 핸드폰이 없어요. 학교에 가지고 오지도 않죠. 또 텔레비전 시청도 원칙적으로 금하고 있고 어떠한 종류의 미디어 게임도 하지 않습니다."

- 멀티미디어에도 유익함도 있을 것 같은데요.

"물론 있지요. 하지만 아이들이 아직 어리다는 것이 문제입니다. 아이들의 가치관이나 신앙이 미처 형성되지 못한 상황에서 멀티미디어를 너무 많이 접하게 되면 세상적인 가치관을 무분별하게 받아들일 가능성이 많습니다.

또 중독의 문제가 있을 수 있죠. 어른들도 한번 중독이 되고 나면 스스로 통제할 수 없고 벗어나기도 힘들잖아요. 하물며 어린 아이들은 말할 것도 없어요.

또한 아이들에게는 하나님이 주신 독특한 개성이 있습니다. 하지만 매스미디어나 멀티미디어는 이러한 아이들의 개성을 획일적으로 만들어버립니다."

- 하지만 멀티미디어에 노출되는 걸 막기가 쉽지는 않을 것 같은데요?"

"멀티미디어가 무조건 나쁘다고 가르치지는 않아요. 다만 가능하면 멀리 떨어져 지내는 거죠. 또 단번에 끊는 건 불가능합니다. 단계적으로 줄여가는 지혜가 필요하지요. TV를 보거나 게임을 할 시간에 다른 무엇을 할 것인지 교사나 부모와 대화하면서 찾아가야 합니다. 무조건 하지 말라고 명령하고 꾸짖으면 아이들이 대번에 상처를 받죠. 대신 독서, 운동, 친구 관계, 놀이, 대화 같은 대안을 찾아주는 겁니다."

- 샘물기독학교에서는 구체적으로 어떻게 하고 있죠?

"우리 학교는 어찌 보면 다른 세상 같아요. 디지털 시대의 아날로그 공동체라고나 할까요? 학기가 시작되면 학교의 모든 학생들이 다같이 TV를 보지 않고 컴퓨터 게임을 하지 않습니다. 그런데 너도 나도 다 그러니까 효과가 있습니다. 학생들한테도 새로운 경험이에요. 혼자의 힘은 약해도 여럿의 힘은 강하니까요.

또 부모님들도 적극 참여해주셔서 저녁 시간에 자녀와 함께 학교 과제를 하거나 책을 읽습니다. 그리고 영화 관람도 규제하고 있어요. 학교에서 온 가족이 볼 수 있는 좋은 영화 리스트를 만들어 가정에 알려주는 방법도 사용하죠."

샘물초등학교에 저학년 자녀를 보내고 있는 김선영 어머니를 만나보았다.

멀티미디어를 멀리하는 샘물학교 아이들은 도서관에서 훨씬 더 많은 시간을 보낸다.

- 아이가 원래부터 텔레비전이나 컴퓨터를 멀리했나요?

"아니요. 예전에는 너무 좋아했죠. 어렸을 때부터 교육용 비디오며 유아용 TV 프로그램을 녹화까지 해가며 꽤 열심히 보여주었거든요.

TV에서 시선을 떼지 않고 시청하는 아이를 보면서 집중력 운운하기도 했고 영어 노래라도 흥얼거리면 효과가 나타난다면서 더 자주 보여주었어요. 저한테 자유 시간도 생기니까 가끔은 일부러 보여주기도 했죠."

- 그렇다면 언제부터 다르게 생각하게 되신 거죠? 특별한 계기가 있으셨나요?

"샘물학교 설명회에 참석한 후 아이들이 대중매체를 통해 무분별하게 습득하는 말이나 행동이 얼마나 해로운지 비로소 확실히 깨달았어요.

그 후 조금씩 아이와 저의 생활방식을 바꾸기 시작했어요. 일방적이고 자극적인 대중매체 대신 같이 할 거리, 놀 거리를 찾아보았어요.

나란히 벽에 등을 기대고 TV를 볼 때는 미처 보지 못했던 아이들의 세세한 표정을 읽을 수 있게 되더군요. 저녁에 마주 앉아 함께 책을 읽다보면 아이가 더 자연스럽게 자기 마음을 표현하는 걸 느낄 수 있죠."

대안학교가 아니라 기독교학교입니다

샘물학교는 샘물교회가 오랜 준비 끝에 세운 학교로 2006년도에 첫 신입생을 받았다. 현재 65명의 초등학생과 30명의 유치원생들이 즐겁게 생활하고 있다.

교육열이 높은 분당에 샘물학교가 생기고 언론에 몇 차례 소개되었을 때, 학부모들이 가장 큰 관심을 보인 것은 일반 학교에 비해 적은 학급당 학생 수와 커리큘럼이었다.

흔히 대안학교에는 크게 엘리트 교육을 중시하는 엘리트 사립학교 개념의 학교와 부적응 학생들을 올바른 방향으로 이끄는 학교가 있다. 하지만 교목인 임경근 목사는 근래 많은 대안학교들이 우후죽순처럼 생기고 있지만 샘물학교는 대안학교가 아니라 기독교학교라고 딱 잘라 말한다.

샘물학교는 공교육의 교육적 문제를 인식하고 대안을 찾은 것이 아니라, 언약의 자식을 어떻게 신앙적으로 교육할까라는 질문에 대한 대답으로 만든 학교이다. 물론 공립학교에서 하지 못하는 대안적인 교육방법을 사용하기도 한다. 그런 것 때문에 매력적인 부분이 없는 것은 아니지만 샘물학교의 핵심은 성경적인 세계관으로 모든 학문을 바라보는 교육을 하는 것이다. 이것이 샘물학교의 가장 큰 차별점이며 지향점이 되어야 할 것이다. 이러한 기독교학교적인 특징은 샘물이 자랑하는 성품 교육에서도 찾을 수 있다.

한 걸음 한 걸음 하나님을 닮아가는 성품 교육

인간이 하나님이 성품을 닮아갈 수 있을까? 완전하지는 않더라도 노력할 수는 있을 것이다. 그리고 이 교육은 단순히 책상머리에서 배우는 것으로 이루어질 수 없다. 직접 현실에서 부딪치고 배워야 한다. 그야말로 '훈련'이 절실히 필요하다. 그 내용은 '성경' 이라는 텍스트를 통해 언어적으로 습득하지만, 실제 배워가는 과정은 특정한 방식의 '경험' 을 통해서 얻는 수밖에 없다.

샘물학교에서 무엇보다도 귀중하게 생각하는 것은 '성품 교육' 이다. 비단 학생뿐만 아니라 학부모 교육 시간에도 성품을 강의하고 있다.

일 년에 여덟 가지의 성품을 훈련하는데, 훈련하고자 하는 성품을 다른 과목과도 자연스럽게 통합시키며 내면의 변화와 행동의 실천에 집중한다. 경청, 순종, 질서, 기쁨, 겸손, 지혜, 감사, 용서처럼 하나님을 믿는 사람뿐만 아니라 모든 사람들에게 보편적으로 필요한 성품을 한 달에 한 가지씩 정하고 집중적으로 훈련한다. 또한 한 달 훈련이 끝나더라도 반복해서 일상 속에서 실천할 것을 강조한다.

성품 교육이 한참 진행 중인 샘물학교 교실에 들어가보았다. 학생 열여섯 명이 둥그렇게 둘러 앉아 선생님 말씀에 귀를 기울이고 있다.

이번 달의 성품 주제는 '경청'이다. 칠판에는 아래와 같은 문구가 한가운데 크게 쓰여 있다.

경청(Attentiveness)

정의: 자신의 모든 것을 집중하여 상대방의 가치를 인정하며 보여주는 것

교사가 설명을 시작한다.

"경청이라는 말의 기원이 된 헬라어는 '아쿠오(akouw)라고 합니다. 아쿠오는 '듣다, 주의를 기울이다, 이해하다' 라는 뜻을 가지고 있죠. 여러분 경청이 뭐라고 생각해요?"

학생들이 너도 나도 한 마디씩 한다.

"남의 말 듣는 거요."

"남의 말을 끝까지 듣는 거요."

"엄마 말 잘 듣는 거요."

아이들의 대답을 차분하게 듣고 있던 교사가 성경을 찾아본다.

"하나님은 경청에 대해서 어떻게 말씀하시는지 성경을 찾아보겠어요."

교사는 칠판에 성경 말씀을 쓰기 시작한다.

내가 주의 법도를 묵상하며 주의 도에 주의하며

(시편 119편 15절)

아들들아 아비의 훈계를 들으며 명철을 얻기에 주의하라
(잠언 4장 1절)

“경청은 단순히 귀로 상대방의 말을 듣는 것이 아니라, 상대방의 말에 마음을 집중시켜서 듣고 이해하려고 애쓰는 거예요.”

그리고 선생님은 경청을 위한 다섯 가지 결심을 칠판에 적는다.

사람들이 나에게 말할 때 그들을 바라보겠다.
내가 잘 이해할 수 없으면 질문하겠다.
똑바른 자세로 앉거나 서겠다.
내 자신에게 관심을 집중하지 않겠다.
눈, 귀, 손, 다리와 입을 산만하게 하지 않겠다.

“그렇다면 여러분들도 이 다짐을 보면서 앞으로 어떻게 할지 이야기해볼까요?”

여기저기서 손이 올라간다.

“친구와 이야기할 때 귀 기울일 거예요.”

“친구 말이 다 끝날 때까지 내가 하고 싶은 말을 참을래요.”

학생들은 경청이라는 주제를 가지고 매일, 매주, 매월 끊임없이 훈련한다. 그 한 달 동안은 학교의 수업 시간이나 쉬는 시간뿐만 아니라 집에서도 매일같이 경청에 대해서 이야기한다. 그러다 보니 자연스레 경청하는 법을 배우고 습관으로 자리 잡게 된다.

이렇게 한 달에 한 가지씩 성품을 배워서인지 친구들을 대하는 태도도 남다르다. 샘물학교의 특징 가운데 하나는 친구들끼리 싸우지 않는다는 것이다. 왕따도 없다. 샘물학교는 장애인과 비장애인 구분도 없다. 한 쪽 팔이 없어 일반 학교에서는 놀림을 받던 친구가 샘물학교에 와서는 여러 친구들을 사귀며 즐거운 학교 생활을 하고 있다.

국어와 연극 그리고 성경의 만남

샘물학교에는 교과서가 없다. 수학만 교육부의 교과서를 이용할 뿐, 나머지 과목들은 교재 연구팀이 계발, 추천한 일반 서적이나 외국의 기독교학교 교재들을 사용한다. 뿐만 아니라 세상의 모든 것들이 교재가 될 수 있다. 학생들이 보고 읽고 쓰고 그리고 만들고 체험한 것을 파일에 모아놓으면 그것이 곧 교과서이자 교재가 된다. 국어 시간에는 작품성이 인정된 다양한 수필, 소설, 시, 전래동요, 우화, 동화들을 교재로 사용하기도 한다.

또한 책을 읽고 끝나는 것이 아니라 그 내용을 바탕으로 직접 연극을 하기도 한다.

이 날 샘물학교 국어 교실에서는 17세기 프랑스, 루이 13세 시대의 상황이 재현되고 있었다. 유명한 프랑스 작가 알렉상드르

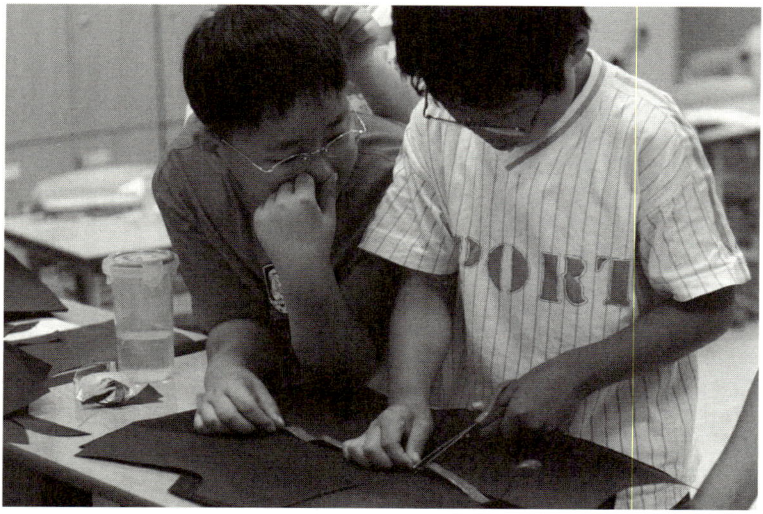

연극에 필요한 의상과 무대, 소품도 모두 아이들이 직접 만든다.

뒤마의 『삼총사』였다. 만화나 영화로 친숙한 작품인데다 삼총사라는 말을 친구들끼리도 자주 쓰기 때문인지 연극하는 아이들이나 구경하는 아이들이나 매우 흥미진진한 표정이었다.

아이들의 연극이 시작되었다. 교실뒤쪽에서 두 명의 학생이 군사가 되어 서로를 향해 걸어오다가 멈춘다.

왕의 군사 : 아니, 저 군사는 추기경의 부하로군.

추기경의 군사 : 저 사람은 왕의 부하로군. 마주치지 말아야지.

이때 선생님이 나선다.

"여기서 잠깐! 추기경이란 사람은 누구였기에 왕처럼 군사를 가지고 있었던 것일까요? 추기경은 무엇을 하는 사람인지 생각해봅시다."

그리고 다시 연극이 계속된다.

왕의 군사 : 아니 왜 치고 가는 거야?

추기경의 군사: 그냥 그럴 수도 있지.

왕의 군사: 앗, 이런 일이, 사과를 안 하다니! 결투다.

추기경의 군사 : 좋아 내가 질 줄 알고. 우리 결투하자!

(왕의 군사와 추기경의 군사가 서로를 향해 칼을 뽑아 들고 노려본다.)

"여기서 잠깐, '결투' 란 무엇이었을까요?"

아이들이 대답한다.

"승패를 나누기 위해 벌이는 싸움입니다."

선생님이 친절하게 설명을 이어간다.

"여러분이 본 것처럼 삼총사에서는 달타냥과 아토스가 계단에서 어깨를 부딪치자 서로 결투를 하게 되지요. 이런 결투는 칼싸움을 잘하던 기사들이 서로의 자존심과 명예를 위해 싸우는 것이었습니다. 결투가 많아지자 나라에서는 결투를 금지시키기도 했습니다. 왜 결투를 금지했을까요?"

한 학생이 대답한다.

"부상이나 사망을 당할 수도 있으니까요."

"그렇다면 싸우지 않고 이기는 방법은 무엇이 있을까요?"

한 학생이 자신 있게 대답한다.

"설득이요. 친구가 나의 의견을 받아드릴 수 있게 잘 설명하면 되잖아요."

"자기 주장만 내세우지 말고 친구를 배려해요."

"맞아요. 상대방을 존중하고 배려하다 보면 서로간의 공감대가 형성되고 그러다 보면 서로 싸우지 않고 문제가 해결되겠죠. 그렇다면, 선생님이 찾아보라고 한 성경구절을 읽어 왔죠? 잠언 17장 14절에서는 이렇게 말합니다. '다툼의 시작은 댐의 작은 구멍과 같으니, 싸움이 일어나기 전에 따지기를 그만두어라.'

또 고린도전서 9장 24-26절을 읽어보죠. '운동장에서 달음질하는 자들이 다 달릴지라도 오직 상을 받는 사람은 한 사람인 줄을 너희가 알지 못하느냐 너희도 상을 받도록 이와 같이 달음질하라. 이기기를 다투는 자마다 모든 일에 절제하나니 그들은 썩을 승리자의 관을 얻고자 하되 우리는 썩지 아니할 것을 얻고자 하노라 그러므로 나는 달음질하기를 향방 없는 것 같이 아니하고 싸우기를 허공을 치는 것 같이 아니하며.'

삼총사 주인공의 결투 장면을 보고 그리스도인으로서 어떻게 결투를 해석하고 적용해야 되는지 누가 한번 발표해볼까요?"

한 남학생이 손을 들고 발표한다.

"전 오늘 연극 속에서 추기경의 군사를 맡았는데요. 칼을 가지고 있다 보니 결투가 재미있게 느껴졌고 이기고 싶다는 욕심까지 들었어요. 하지만 오늘 하나님의 말씀을 읽고 깨달은 게 많아요. 결투는 시작조차 하지 말아야 하고 서로 대화로 해결해야 된다는 거예요. 그리고 하나님의 자녀들은 썩지 않을 면류관을 얻으려고 노력해야 한다는 겁니다."

학생들은 오늘의 연극을 통해 문학작품으로서의 삼총사의 내용에 대해서 깊이 이해했을 뿐만 아니라 하나님의 말씀을 떠올리고 또 그 것을 자신의 삶과 연결해보기도 했다. 하지만 김영도 교사는 이런 수업에도 주의할 점이 있다고 한다.

"모든 것의 결론이 쉽게 '하나님'이 되는 것은 경계해요. 수업이 설교가 되면 아이들의 사고가 단순화될 위험이 있거든요. 우리 사회의 규칙을 이야기하면서 자연스럽게 하나님의 세계를 이야기하면 성경과 교과목이 통합될 수 있죠."

역사와 성경의 만남

그저 국어 수업의 일부로 삼총사의 연극을 한 것만은 아니었다. 이날의 연극은 성품 교육과 함께 샘물학교의 대표적인 특별 교육인 역사 수업과도 관련이 있다. 샘물학교 학생들은 초등학교 1학년부터 모든 교과목을 역사에 맞추어서 배운다. 샘물학교에서 세계사란 하나님이 행하신 일의 역사이다. 또 세계사의 일부분인 한국사에는 우리 민족의 정체성이 담겨 있다고 강조한다. 많은 문헌과 문학, 예술 작품을 통해 역사적 사건에 접근함으로써 국어, 음악사, 미술사와 함께하는 통합 커리큘럼을 시도한다.

다섯 명 정도의 학생들이 수업을 듣고 있는 역사 수업 시간. 교사는 17세기 프랑스 역사에 대해 설명하고 있다.

"중세에서 근대로 넘어가는 격변의 시기인 16세기 초반에서 17세기 중반까지는 종교전쟁의 시기라고 할 수 있어요. 『삼총사』에서도 나오듯이 17세기 프랑스는 궁정 내부의 왕족과 귀족들의 권력 다툼이 있었고, 영국을 비롯한 유럽 여러 나라들과 다양한 외교 관계를 맺고 있었죠."

아이들은 앞서 연극을 했기 때문인지 『삼총사』의 역사적 배경이 궁금하기만 하다.

"『삼총사』의 배경은 중세 유럽입니다. 이때는 유럽의 대부분이 천주교였답니다. 천주교의 대표인 교황은 딱 한 사람이었어요. 그래서 교황은 로마에 있고 다른 유럽 국가에는 교황의 일을 대신해줄 추기경이 있었어요. 이 추기경은 교황을 대신하는 만큼 신분이 높았고 여러 가지 부당한 방법으로 이익을 취해서 부자가 되었답니다."

곧이어 교사는 세계사 속 인물과 성경의 인물을 연결시키는 시도를 한다.

샘물학교 학생들은 모든 교과목을 역사에 맞춰 배운다. 세계사란 하나님이 하신 일의 역사라는 관점 때문이다.

"성경에 보면 이와 같은 사람이 나옵니다. 누가복음 19장 2절을 찾아보죠. 삭개오라는 사람이 있죠. 그는 세리장이었고, 부자였습니다. 삭개오는 예수님에게 재산의 절반을 가난한 사람들에게 주겠다고 했고 남의 것을 속여 얻은 것이 있으면 네 배로 갚겠다고 했어요."

선생님은 학생들을 바라보며 질문한다.

"여러분, 삭개오와 추기경의 비슷한 점은 무엇이죠?"

"부자였고 높은 위치에 있었던 사람이었어요."

"남의 것을 가로챘어요."

"처음에는 예수님을 믿지 않았어요."

교사는 다시 한 번 성경을 찾는다.

"출애굽기 20장 17절을 읽어볼게요. 이웃집을 탐내지 마라. 이웃의 아내나, 남종이나 여종이나, 소나 나귀나, 그밖에 이웃의 어떠한 것도 탐내지 마라."

그리고 학생들을 보며 질문한다.

"여러분이 신분이 높아지고 권력이 높아져 부자가 되었을 때 어떻게 살기를 원하세요?"

한 학생이 번쩍 손을 들고 대답한다.

"전 추기경처럼 되고 싶지 않아요. 먼저 정직하고 싶어요. 남의 것도 탐내지 않을 거고 정당하게 땀 흘려서 얻을 거고요, 나중에 가난한 사람을 위해 좋은 일을 하고 싶어요. 그래서 하나님께 영광 돌리고 싶어요."

이렇게 샘물학교의 모든 수업은 하나님의 말씀과 연결된다. 학문을 배우는 것은 단지 지식을 쌓는 것이 아니라 하나님을 경외함으로써 생기는 통찰력과 지혜를 얻어서 예수님의 삶을 닮아가는 것이라는 샘물학교 교육 선언문을 생각나게 하는 수업이었다.

사교육 없는 학교

샘물학교 초등학생들은 특별히 예체능을 배우는 학생을 제외하고는 수업 시간 이후에 학원을 다니지 않는다. 요즘 초등학생들은 한

수업이 끝난 후에도 아이들은 종종 학습지원실에서 교사와 함께 책을 읽는다.

밤중까지 학원가 주변을 맴돌지만 샘물의 학생들은 학교가 끝나면 무조건 집으로 향한다. 비결은 샘물학교의 은사 계발 수업이다.

학교는 학생들에게 사교육 대신 다양한 활동을 경험하고 은사를 계발할 수 있도록 하고 있다. 바둑반, 한문반, 원예반, 영어반, 미술반, 바이올린반 등 여러 가지 특별 활동을 운영하고 있다. 또 학습지원실은 학생들이 수업이 끝난 후 자유롭게 책을 읽을 수 있도록 돕고 있다.

쉬는 시간에 몇 명의 학생들을 만나보았다.

- 우리 친구는 샘물학교에 와서 어떤 점이 가장 좋았나요?

"일반 학교에서는 별로 웃을 일이 없었는데 샘물학교에서는 많이 웃을 수 있어서 좋아요."

"일반 학교에서는 교과서대로만 공부하고 시험만 자주 봐서 괴로웠는데 샘물학교는 시험도 없고 교과서도 없어요. 그리고 만들고 악기 배우는 것이 마음에 쏙 들어요."

"때리는 친구나 싸우는 친구가 없어요. 점심을 먹고 나서 공원에서 같이 노는 것도 신나고요. 국어 시간과 역사 시간에 책을 읽고 같이 활동하는 것도 너무 재미있어요."

"우리 학교에는 욕하는 친구들도 없고, 남자와 여자 아이들이 함께 어울려 친하게 지내는 것이 너무 보기 좋아요. 수업도 따분하지 않고 성경도 배우고 성품도 배울 수 있고요. 여러 특별 활동도 마음에 들어요. 그리고 참, 음악 시간이 너무너무 신나요."

음악 수업이 아닌 작은 음악회

샘물학교의 또 하나의 자랑, 음악 수업을 찾아가보았다. 교실 안에 들어서자마자 나는 눈이 휘둥그레졌다. 예상했던 전형적인 음악실의 분위기가 아니었기 때문이다. 교실은 말 그대로 작고 아늑한 음악의 방이었다. 학생들은 은은한 조명 아래 카펫 위에 옹기종기 앉아서 독일 바로크 음악을 대표하는 요한 세바스찬 바흐의 무반주 첼로 모음곡을 듣고 있었다. 마치 작은 클래식 콘서트에 온 것 같았다.

음악이 흐르는 가운데 선생님이 바흐에 관한 이야기를 시작했다. 음악을 들으며 이야기를 들으니 저절로 바흐가 살던 시대로 돌아간 것만 같았다.

"요한 세바스찬 바흐는 중부 독일에 있는, 루터파 신앙의 중심지인 아이제나흐에서 거리의 악사인 요한 암브로지우스의 여덟 번째 아들로 태어났어요."

"여덟 번째요? 와, 식구 진짜 많다."

요즘 같은 핵가족 시대에 형제가 여덟이나 있다고 하니 학생들이 놀랐나보다. 학생들의 반응에 선생님이 미소를 지으며 계속 바흐에 관해 이야기한다.

"바흐는 어려서부터 아버지에게 바이올린을 배웠고, 당숙 요한 크리스토프의 오르간 연주를 들으면서 성장해요. 아홉 살 때 어머니를, 그 이듬해에 아버지를 여의게 되죠."

"그럼 고아였어요?"

"네, 여러분과 같은 나이에 고아가 된 거예요."

"불쌍하다."

위대한 음악의 아버지 바흐가 마치 친구처럼 가깝게 느껴진다.

"바흐는 신앙심이 무척 좋았고 하나님이 주신 재능을 하나님께 영광 돌리는 데 사용하며 생애를 바쳤어요. 많은 실내악곡을 만들었는데, 특히 잘 알려진 것이 여섯 곡의 '무반주 바이올린 소나타'와 여섯 곡의 '무반주 첼로 모음곡'이에요.

음악 시간에 난타 공연을 하고 있는 아이들의 모습.

현대의 서양 클래식 음악이 모두 한꺼번에 사라진다 해도 바흐의 평균율 클라비어 곡집만 남아 있다면 현재의 음악을 다시 만들 수 있다고 할 만큼 음악사에서 차지하는 바흐의 위치는 매우 대단하죠."

아이들은 눈을 초롱초롱 빛내며 교사의 설명을 듣는다.

"또 베토벤은 바흐를 가리켜 '작은 개울이 아니라 드넓은 바다'라고 할 만큼 그의 풍부한 독창성과 창조성, 다양성을 높이 평가하고 있답니다. 그래서 200년이 지난 지금도 바흐의 모든 곡들과 정신과 영혼이 살아 있는지 몰라요."

수업이 끝나고 음악 교사를 만났다.

- 선생님 음악 수업이 참 독특하네요?

"음악실에는 체육 시간도 아닌데 땀으로 흠뻑 젖을 때가 많답니다. 아이들과 악기를 두들기고 노래하는 건 물론이고요. 춤곡이 나오면 춤을 춰요. 가끔은 환호성도 들으실 수 있을걸요?"

- 환호성이요?

"네, 가끔 음악 퀴즈도 여는데 열기가 대단하죠. 그리고 오늘처럼 조용하고 진지한 날도 있고요. 얼마 전에는 관악기에 대해 배운 다음 바로 '스윙잉 바흐(Swinging Bach)' 라는 DVD 중에 브라스 밴드 연주를 감상했습니다. 독일의 어느 도시 광장에서 열린 연주 실황이었어요. 불을 끄고 공연 연주 실황을 보여줬는데 아이들이 보면서 차례로 제게 다가와 작은 소리로 살짝 질문을 하더라고요.

'근데요 선생님, 저 큰 악기가 튜바라고 하셨죠? 저 악기는 너무 무거운가 봐요. 저 아저씨는 발코니에 튜바를 기대고 있어요. 선생님은 저 악기를 들 수 있어요?'

'선생님, 저는요 독일이 싫어요. 독일 사람들은 유태인들을 아우슈비츠 수용소에 가두고 죽였잖아요.'

'저 이 노래 들어본 적 있어요. 우리 엄마 핸드폰 벨소리랑 똑같아요.'

'이런 금관악기들은 어느 시대에 처음 나타나기 시작했나요?'

샘물학교의 음악 시간은 마치 체육 시간처럼 활동적이다. 악기를 두드리고 노래하면서 땀으로 흠뻑 젖을 때가 많다.

이쯤 되면 일방적으로 가르치는 교육이 아니라 상호 소통하는 교육이다.

"그냥 음악 감상이 아니에요. 때로는 음악을 들으며 자기 생각을 털어놓고 역사를 이야기할 수 있는 수업입니다. 아이들의 재치와 유머와 사고력에 깜짝 깜짝 놀라기도 합니다. 이곳에서 우리 예쁜 샘물 아이들을 만나게 하신 하나님께 감사할 따름이죠."

인터넷과 핸드폰은 멀리하지만 문학과 역사와 음악은 가까이 하는 샘물학교 학생들, 아무리 인터넷 세상에 무궁무진한 정보가 있다 해도 이들이 만나는 세상은 그보다 훨씬 넓고 깊다.

기도하는 교사, 기도하는 학부모

샘물교회에서는 매주 유치원 교사 기도회, 초등 교사 기도회, 행정실 직원 기도회 그리고 학교 전체 기도회가 열린다. 학교의 모든 일이 하나님의 손에 달려 있음을 인정하며 하나님의 도움을 구하는 것이다.

얼마 전 샘물기독학교의 한 학부모가 교사들에게 이러한 기도문을 보냈다고 한다.

> 선생님, 이런 진짜 선생님이 되어주십시오.
>
> 우리 자녀들을 믿음의 사람으로 키워주십시오.
>
> 우리 자녀들에게 인생의 멘토가 되어주십시오.
>
> 학문적으로 탁월하여 세상의 빛이 되어주십시오.
>
> 혹 부딪히게 될 어려운 환경과 여건들을 초월하며 끝까지 우리 아이들과 함께해주십시오.
>
> 문제 많은 아이, 가난한 아이들을 그리스도의 심장으로 더욱 사랑해주십시오.

그러자 교사들은 이러한 기도로 부모님들의 기도에 답했다.

하나님, 마음을 다해 기도합니다.

이런 진짜 선생님이 될 수 있도록 저희들에게 은혜를 내려 주십시오.

샘물학교를 나오면서 대안학교라는 말보다 기독교학교라는 것을 강조하신 목사님의 말씀이 다시 한 번 떠올랐다. 옹기종기 모여 앉아 하나님의 성품을 배우고 국어 수업 시간에 국어책과 함께 성경책을 찾는 학교, 영어 시간에는 God이란 단어가 끊임없이 들려오고 바흐 음악을 들으면서 바흐의 신앙심에 대해서 공부하는 학교.

샘물학교의 아이들에게 어떤 학교에 다니는지 물어보면 모두 자신 있게 '말씀이 살아 숨 쉬는 즐거운 기독교학교' 에 다닌다고 대답할 것 같다.

성산효(孝)마을학교

구부러진 나무가 아름다운 숲을 이룬다

"우리 학교에는 다른 나무에 해가 된다고, 넌 좋은 자재가 될 수 없다고 떠밀린 나무들이 와요. 이 나무들이 조금 굽었을 수도 있고 좀 다르게 생겼을 수도 있죠. 하지만 숲에 어디 곧고 똑바른 나무들만 있나요? 시들어가던 아이들이 점차 생기를 얻는 모습을 보면 제 마음속까지 환한 빛이 드는 것 같아요."

- 홈페이지 : http://www.hyohs.or.kr
- 전화번호 : 032-433-1921
- 주소 : 인천광역시 남동구 간석 4동 614-6번지

여덟 번째 이야기

아침 8시 30분 서울에 있는 한 공립중학교 정문.

한쪽에는 가방이 운동장 먼지를 뒤집어 쓴 채 뒹굴고 있고 학생들은 오리걸음으로 운동장을 돌고 있다.

"똑바로 돌지 않으면 한 바퀴 더 돈다."

주임 교사처럼 보이는 남자가 고함을 친다. 오리걸음이 끝나자 다음 벌칙이 이어진다.

"자, 지금부터 학교 주변을 돌며 쓰레기를 줍는다. 많이 주어야 빨리 들어간다."

한 여학생은 교문 밖에서 발을 동동거리고 있다.

"저 딱 1분 늦었거든요. 그런데 못 들어가게 하는 거예요. 선생님들도 가끔 늦으면서 너무해."

같은 시간 성산효마을학교의 교무실. 교무실에는 늦게 온 학생과 교사들의 중보기도가 이어진다. 선생님과 따로 시간을 갖기 위해 일부러 늦게 오는 학생이 있다고도 한다.

"우리 지은이 또 늦었네. 무슨 일이 있는 거야? 선생님이 기도해줄게. 우리 같이 기도 제목을 나누자."

"아니요. 특별한 일은 없고요. 그냥 소설책 읽다 늦잠 자느라 늦었어요."

"지하철이 막혔어요."

"변비 때문에 화장실에서 너무 오래 있었나 봐요."

변명인지 뻔히 알지만 절대 체벌을 가하지 않는다. 또 의심하지도 않는다. 의심은 또 다른 거짓말을 불러오지만 믿음은 진실을 가져오기 때문이다.

잠시 후 지각한 학생들의 손을 잡고 교무주임 교사가 기도를 시작한다.

"소망의 하나님, 우리 자녀들을 위해서 기도합니다. 우리 자녀들이 하나님의 말씀으로 사는 오늘이 되게 하옵소서. 말씀으로 세상이 창조되었듯이 하나님의 능력이 말씀 안에 있음을 알게 하시고 감사하게 하소서.

좋으신 하나님, 오늘도 우리 자녀들의 편이 되어주심에 감사드립니다. 그 사랑의 힘으로 오늘도 승리하게 하소서.

예수님을 믿는 학생들이 아름다운 학창 시절을 교실에서 꽃피울 수 있게 하여 주옵소서. 우리 학생들 마음에 소망을 주시옵소서. 예수님의 이름으로 기도합니다. 아멘."

지각을 한 아이들을 체벌하기는커녕 손을 잡고 기도를 해주는 학교, 그래서 아이들이 선생님과 상담하고 싶어서, 기도 받고 싶어서 일부러 지각을 한다는 학교인 성산효마을학교를 찾았다.

효(孝) 정신을 통해 인성과 예절을 배운다

인천 남동구 간석동에 위치한 효마을학교는 다섯 명의 정규 교사, 열두 명의 강사 그리고 중3부터 고3까지 45명의 학생으로 이루어진 인천 최초의 위탁형 대안학교다. 위탁형 대안학교제란 학교가 적성에 맞지 않는 학생을 외부 대안학교에 위탁한 뒤 출석으로 인정하는 제도다. 즉 성산효마을학교의 학생들은 전에 다니는 학교에 소속은 되어 있지만 실제 학교 생활은 이곳에서 하는 셈이다.

'문제아' 로 찍혔거나 가정과 친구로부터 상처를 받었거나 혹은 무작정 학교가 가기 싫은 아이들이 부모와 교사의 권유를 받고 마지막으로 선택하는 곳이 바로 성산효마을학교다. 따라서 이 학생들을 이해하고 자신감을 회복시키고 웃음을 찾아주는 것이 이곳의 가장 큰 교육 목표다.

또한 이름에서 짐작할 수 있는 것처럼 효마을학교는 '기독교 사랑실천 운동'을 바탕으로 '효'를 통한 공동체 정신의 회복을 목적으로 한다. 아울러 인성 교육과 예절 교육을 중시한다.

최성규 교장은 말한다.

"무엇보다 인격적인 성숙이 이루어져야 자아발견도 가능해지고, 사회에 나가서도 빛과 소금의 역할을 해낼 수 있기 때문이죠."

그렇게 때문에 위탁형 대안학교는 교사들의 진심과 애정이 무엇보다 절실한 학교이기도 하다.

너희도 커다란 나무가 될 수 있단다

이제 막 교대를 졸업한 신참내기 조현정 교사가 처음 교편을 잡은 곳이 바로 이곳 효마을학교였다. 일반 학교에서조차 아이들을 가르쳐본 적이 없던 조교사가, 공부에는 관심도 없는 반항기 다분한 아이들을 다루기란 쉬운 일이 아니었다. 욕설을 내뱉는 학생 때문에 화장실에서 남몰래 눈물을 흘린 적도 있었다.

하지만 무엇보다 견디기 힘들었던 것은 세상을 보는 아이들의 눈이었다. 이 아이들에게는 인생의 목표도, 환경을 변화시키려는 의지도 없는 것처럼 이곳을 그저 현실 도피의 공간 정도로만 생각하고 있는 것 같았다.

조현정 교사의 마음을 크게 움직인 건 한 학생과의 대화였다.

"언젠가 우리 반 아이들을 데리고 대학로에 갔을 때였습니다. 마침 훈이가 옆자리에 앉아 있었어요. 훈이는 배시시 웃을 때 눈이 없어지는 귀여운 아이에요. 고등학교 1학년 때 학교를 그만두었다가 다음 해 우리 학교에 들어와 잘 생활하고 있는 것으로 알고는 있었지만 구체적으로 왜 학교를 그만두었는지, 무슨 일이 있었는지는 한 번도 물어본 적이 없었습니다. 상처가 될까 봐서요. 그래서 지금이 기회다 싶어 용기를 내서 물어봤죠."

조교사는 당시에 오고 갔던 대화를 이렇게 전한다.

"훈아! 너 그때 말이야, 왜 학교를 그만뒀었니?"

"고등학교 입학식 날, 2학년 화장실에서 담배를 폈어요. 그때 선배들이 세 명 정도 들어와서는 신입생이 첫날부터 담배 피운다고 혼내더라고요."

"그래서?"

"그래서 그 형들을 실컷 패주고 다음날부터 학교에 안 나가버렸어요. 보복이 두려워서요."

"훈이야. 그게 무서웠으면 처음부터 때리질 말았어야지."

"그러게 말예요."

조교사는 그때를 떠올리는 듯 잠시 이야기를 멈추었다가 다시 말을 잇는다.

"마냥 순해 보이는 얼굴 때문에 전혀 짐작도 못했는데 한때 학교를 주름잡는 싸움짱이었다고 하더라고요. 중학교에 들어갔을 때 친구를 어떻게 사귀어야 할지 몰랐대요. 어떻게 해야 친구가 생길까 고민하다 우연히 몇 번 주먹질을 하게 됐는데 그 다음부터는 주위에 친구가 따르더래요.

여기 들어오는 친구들을 보면 아주 작은 상처와 사소한 사건 하나가 어떻게 아이들을 엇나가게 하는지, 그리고 문제아의 꼬리표가 얼마나 오랫동안 이들 뒤를 쫓아다니는지 깨닫게 됩니다."

- 그래서 훈이가 나아졌나요?

"그럼요. 이제 싸움은 절대 안 해요. 이곳에서 즐겁게 생활하고 있어요. 우리 학교에는 다른 나무에 해가 된다고, 넌 좋은 자재가 될 수 없다고 떠밀린 나무들이 와요. 이 나무들이 조금 굽었을 수도 있고 좀 다르게 생겼을 수도 있죠. 하지만 숲에 어디 곧고 똑바른 나무들만 있나요? 시들어가던 아이들이 점차 생기를

상처받은 아이들에게 가장 필요한 것은 자신을 믿어주는 누군가이다. 성산효마을의 교사들은 아이들의 현재에서 아름다운 미래를 읽어주는 역할이 무엇보다도 중요하다고 말한다.

얻는 모습을 보면 제 마음속까지 환한 빛이 드는 것 같아요. 조금만 부드럽게 눈을 맞추고 따뜻하고 낮은 목소리로 말을 건네면 되요. 그것만으로도 아이들은 고개를 들고 어깨를 펴거든요. 우리가 울타리가 되어주면 이 아이들은 커다란 나무가 되고 울창한 숲도 이룰 수 있을 거라고 확신합니다."

체벌이 없는 학교

"이 자식. 또 왔네, 또 왔어 교무실 단골 손님이구만."

"무슨 일만 터지면 너냐. 학교 망신은 혼자 다 시켜요."

"너 같은 구제불능이 학교를 다니면 뭐하냐?"

일반 학교에서 교사들은 학생의 머리를 툭툭 치며 이렇게 말하곤 한다.

또 한 여학생은 이렇게 고백한다.

"별 것 아닌 일로 불려 나갔는데 갑자기 선생님이 손으로 뺨때리고 머리를 때렸어요."

수긍할 수 있는 체벌 방법은 얼마든지 있다. 그러나 교사 스스로가 감정을 주체하지 못해 체벌을 행한다면 그것은 '체벌'이 아닌 '폭력'이다. 공개적으로 비상식적 체벌이 이루어졌을 때 신체적 상처는 회복될지 몰라도 심리적 상처는 되돌리기 힘들다. 자아 존중감이 약해지고 공격적이 되기 싶다.

이곳 학생들은 거칠지 않다. 마치 엄마 손에 붙들린 유치원생처럼 순하기만 하다.

나는 그 이유를 교감 선생님에게 물었다.

"아이들이 너무 순해요. 예전에 문제아였다는 게 도저히 믿기지 않는데요."

교감 선생님은 살며시 웃음을 지으며 말씀하신다.

"교사들이 공격적이지 않거든요. 모든 것을 대화로 해결하기 때문이죠. 무조건 말로 부드럽게 의사소통하는 것이 비결이라면 비결이라고 할 수 있죠."

즉시 토론 프로그램으로 갈등을 해결하라

교감 선생님과 대화를 마치고 복도로 나가는데 바닥에 누군가가 금방 가래침을 뱉어놓았다.

일이 얼어난 시간은 1교시 쉬는 시간. 전교생 모두 정규 수업을 미루고 큰 강의실에 모이기 시작했다. 즉시 토론(Sudden meeting program)이 시작된 것이다.

제일 먼저 교감선생님이 차분한 목소리로 말한다.

"누가 그랬는지는 중요하지 않다. 회의가 끝나고도 이 점에 대해서 절대 이야기를 하지 마라. 손가락질도 금지다.

우리는 하나님이 허락해주신 학교를 깨끗하게 할 책임이 있다.

문제가 생기면 전교생이 모여 즉시 토론을 벌인다. 잘잘못을 가리기 위해서가 아니라 설득과 대화를 위한 문제 해결을 위해 토론을 한다.

그리고 이 학교는 여러분과 선생님의 얼굴이다. 학교에 침을 뱉는 행위는 너희 자신에게 침을 뱉는 것과 마찬가지야."

학생들의 얼굴에는 반성하는 표정이 역력하다.

"선생님, 제가 뱉었어요. 다시 그러지 않겠습니다."

한 남학생이 고개를 푹 숙이며 손을 들고 선생님께 고백을 한다.

그 학생이 정말로 침을 뱉었는지는 알 수 없었지만 즉시 토론은 그것으로 끝이 났다. 즉시 토론을 마치고 나오는 교감 선생님을 다시 만났다.

- 학생들이 실수를 할 때마다 이렇게 체벌 대신 즉시 토론을

진행하시나요?

"음식을 고르는 취향이 다 다르듯 체벌 방식도 선생님마다 다르죠. 저 같은 경우는 체벌을 반대합니다. 선생님과 학생과의 관계도 끊임없이 서로 갈등하고 화해하는 사이라고 할 수 있어요. 하지만 이때 체벌이 끼어들면 그 사이가 멀어지게 되고, 갈등의 골이 깊어집니다. 저는 그래서 끝까지 말로 풀어보려고 합니다.

물론 항상 이렇게 즉시 토론을 하는 것은 아니고 오늘은 침을 뱉는 행위에 대해 다른 학생들에게도 확실히 주의를 시키고 싶었습니다. 저는 우리 학교 학생들을 예의가 몸에 벤 사람으로 키우고 싶어요. 하지만 그 방법이 체벌은 아니에요."

스승은 부모의 다른 이름일 것이다. 자식을 보살피듯 신중하게, 또한 부모를 대하듯 존경하는 마음으로 서로를 넉넉하고 여유 있는 가슴으로 안아준다면 학교가 달라지고 아이들이 달라질 것이라고, 나는 교감 선생님의 말씀을 들으며 생각했다.

네가 잘할 수 있는 걸 하렴!

성산효마을학교는 이른바 엘리트 교육을 하는 학교는 아니다. 나오고 싶은 학교, 재미있는 학교, 내가 잘할 수 있는 것을 찾을 수 있는 학교로 만드는 것이 목표다. 따라서 국어, 수학, 영어 등 정규 교과는 오전에만 가르치고 오후에는 비즈 공예, 웃음 치료, 전자 키보

직접 빵을 만드는 과정을 통해서 아이들은 치유되고 성장한다.

드, 풍물, 수화, 댄스 등 특기적성 교육을 한다. 2주에 한 번씩은 제과 제빵, 볼링 실습을 위해 외부로 나가기도 한다.

학생들이 가장 좋아하는 실기 수업이라는 제과 제빵 시간을 찾아가보았다.

아람이와 몇몇 학생들의 눈이 반짝반짝하다.

"자, 그럼 모두들 재료는 다 준비됐겠지?"

학생들에게 빵 만드는 기술을 가르치는 강사님의 질문에 아이들도 환한 표정으로 대답한다.

"오븐은 175도로 예열하고 노른자에 설탕 넣고 색깔이 뽀얗게 될 때까지 휘핑해주세요. 그 안에 우유, 식용유 순으로 집어넣고 충분히 섞어줍니다.

머랭이 반죽에 고루 스며들면 스프레이로 물기를 뿌린 케이크 틀에 반죽을 붓고 평평하게 만들죠. 그런 다음 오븐 안에 반죽을 넣고 30분에서 35분간 구워주면 됩니다. 젓가락이나 이쑤시개로 찔렀을 때 묻어나지 않으면 잘 구워진 거랍니다."

학생들은 여기저기 가서 질문하고 빵을 만드느라 시간 가는 줄을 모른다. 잠시 후 '못난이 빵'이 완성되었다. 하지만 직접 만든 아이들에게는 자식처럼 예뻐보일 뿐이다. 학생들은 밀가루가 빵이 된 것이 신기한지 할 말이 너무나 많다.

"반죽할 때 손이 꽤 아프더라고요. 근데요, 정말 맛있어요. 내가 직접 만든 빵이라서 더 맛있는 것 같아요."

"반죽이 손에 붙어서 힘들었어요. 그래도 부풀어 오르는 걸 보니까 진짜 행복해요."

"혼자 하라고 하면 안 했을 텐데, 친구들과 함께 만드니까 너무 재밌어요."

"내 손으로 만든 빵을 내 손으로 뜯어 먹다니. 저 나중에 제과점 차릴까 봐요."

"어색하고 신기한데요. 다음에는 더 잘할 수 있을 것 같아요."

국어와 영어 시간에는 꾸벅꾸벅 졸던 아이들도 이 시간만큼은 생기가 돈다. 말도 많아지고 손도 빨라진다. 자신도 몰랐던 새로운 재능과 감각을 발견하기도 한다.

어쩌면 나중에 자신의 아이들에게 빵을 만들어주면서 오래 전 이 시간을 회상하게 되지 않을까?

암벽을 오르며 무너진 자신감을 회복하라

성산효마을학교에 2007년부터 도입된 교과 과정이 있다. 학생들에게 자신감과 성취감을 맛보게 하기 위한 방법으로 실내 암벽타기인 스포츠 클라이밍을 실시한 것이다.

학생들이 스포츠 클라이밍을 하기 위해 인천 문학경기장에 모였다. 스포츠 클라이밍 전문 강사가 요령을 설명한다.

"스포츠 클라이밍은 양손과 양발 중 세 개는 안전한 손잡이가 될 곳과 발판에 두고 한 개만을 움직여서, 팔에 의지하지 않고 발로 올라가는 운동으로 실내에서 즐길 수 있는 스포츠입니다. 밑에서 올려다봤을 때에는 쉽게 올라갈 수 있을 것 같지만 실제로 해보면 그렇지 않아요. 손보다는 발을 잘 사용해야 해요. 발로 확실하게 지지를 하고 이동을 해야 합니다. 지금부터 저와 같이 올라가보죠."

"야호, 내가 먼저 할래!"

학생들의 환호성이 퍼진다.

잠시 후 영진이는 밑을 내려다보며 이렇게 말한다.

"강사님, 다른 건 괜찮은데요. 손가락이 얼얼해요."

아까 강사에게 들은 말은 전부 잊어버리고 한발 한발 올라가기 바쁘다. 강사가 발로 지탱하라고 계속 말을 하지만 손에 힘을 주어서 몸무게를 지탱하니 힘이 몇 배로 들 수밖에 없다. 그래도 결국 한 명도 빠짐없이 정상에 올라갔다.

"아. 아직까지 손이 저릿저릿해."

가장 먼저 내려온 홍식이가 말한다.

처음엔 두려움 반 호기심 반이었지만 막상 직접 해보니 힘은 들었지만 재미가 있다. 무엇보다 할 수 있다는 자신감을 얻었으니 이 수업의 효과를 톡톡히 본 셈이다.

성산효마을학교의 프로그램이 가장 중시하는 것은 다름 아닌 자신감 회복이다. 자신감은 사람들에게 용기를 주고 한계를 극복하게 해준다. 스스로 가능하다고 생각했던 것 이상의 성취를 할 수 있도록 해준다.

누구에게나 성공에 대한 기대는 있다. 못하겠다고 뒤로 빼는 아이조차도 사실은 너무 잘하고 싶어서, 남들보다 더 좋은 결과를 얻고 싶어서 오히려 시도하지 못하는 경우도 많다. 이러한 성공에 대한 기대감을 현실화할 수 있는 가장 큰 동력이 바로 '자신감'이다. 이것은 '능력'의 차원과는 다른 것이다. 자신감이 있는 아이들은 어떤 상황에서도 자신이 할 수 있다고 생각하고 시도하지만, 자신감이 없는 아이들은 결코 실패하지 않을 일, 다른 사람에게 잘못된 평가를 받지 않을 일만 하려 하기 때문에 자신감을 검증할 기회조차 잃게 된다.

이러한 자신감은 부모의 요구나 학습에 의해 이루어지는 것이 아니다. 무언가를 성취한 경험, 교사의 칭찬 한마디, 자신을 지켜보는 누군가의 관심 등으로 성장잠재력을 최대화할 때 생기는 능력이 바로 자신감이다. 교사는 학생이 자신감을 형성하고 '할 수 있다'는 신념을 가지는 데 매 순간 영향을 미치는 사람이다.

성산효마을학교 교사들은 입을 모아 말한다.

"이곳에 온 학생들은 하나같이 무기력했습니다. 처음에는 꿈쩍도 안 할 것 같았죠. 하지만 서서히 변합니다. 1학년 때는 축축

무언가를 심고 가꾸며 아이들의 내면은 더욱 성숙해가는 건 아닐까?

쳐지고 무기력하다가 2학년 때는 조금씩 눈을 반짝이면서 '나도 뭔가 할 수 있다'는 자신감을 얻죠. 그리고 3학년 때에는 꿈을 꿉니다."

2005년 이곳에서 위탁을 마친 열세 명의 학생 중에 여섯 명이 수시 모집에 합격했다. 두 명은 4년제 대학에 합격했고 네 명은 전문대에 합격했다.

고 3때 큰 싸움에 말려 학교를 더 이상 다닐 수 없게 된 학생이 있었다. 선생님의 권유로 이 곳에 온 학생은 처음에는 낯설고 어색했지만 자신을 믿어주는 교사들과 꾸준히 참석한 채플 시간을 통해 마음을 많이 열게 됐다고 한다.

"대학 면접 날 선생님들이 빠짐없이 격려 전화를 해주셨어요. 그래서 잘 봤나 봐요."

그 학생은 자신처럼 방황하는 친구들은 자기 자신과 진로에 대해 깨지고 넘어지면서 스스로 깨달을 수밖에 없다고 말한다. 그러나 꿈이 있으면 어떤 힘든 과정을 견딜 수 있을 것이라고, 자신도 이곳에서 그 꿈을 찾았노라고 말했다.

악동에서 효자로

효마을학교는 연말이 되면 정성껏 개교 기념행사를 준비한다. 직접 만든 공예품과 미술 작품을 전시하기도 하고 밴드, 수화, 댄스 등

이제껏 배운 장기를 마음껏 펼치기도 한다. 발표회에 참가한 아이들의 연주 솜씨가 생각보다 수준급이라 학부모들은 깜짝 놀라는 경우가 많다.

하지만 이 행사에서 아이들의 눈시울을 가장 뜨겁게 한 것은 졸업생 박석기 학생과 한 학부모님의 편지였다.

사랑하는 나의 어머님께

어머니, 벌써 한 해를 정리하고 되돌아보는 12월이 왔습니다. 저에게 올 한해는 정말 잊을 수 없는 한 해였습니다. 무엇보다도 영원히 빠져나올 수 없을 것만 같았던 수렁에서 내 자신을 건져 올린 특별하고 소중한 시기였습니다.

그러고 보면 저는 어머니께 제대로 된 효도 한번 한 기억이 없네요. 어릴 때부터 불우한 가정환경과 아버지의 빈자리는 저를 끊임없이 방황하게 만들었고 항상 그 화살을 어머니에게 돌렸죠. 다시는 어머니 속을 썩이지 않겠다고 몇 번이나 약속을 드리고 다짐했지만 사람은 한 번에 변하기에는 참 부족한 존재인가 봅니다. 어머니께 남겨드린 그 씻지 못할 상처들을 어떻게 다 말할 수 있을까요.

가장 힘들었던 것은 고등학교 2학년 때였습니다. 한순간 어긋나버린 일이 계속되는 상처로 이어졌고 그 분노가 너무 커서 더 이상 학교 생활을 할 수 없을 지경까지 이르렀습니다. 어머니는 그런 저를 붙들고 호소도 하셨지만 학교를 다니는 일 자체가 너무나 고통스러웠습니다. 그때는 모든 게 막막하고 다른 길은 보이지 않는 것 같았습니다.

그러다 알게 된 성산효마을학교. 처음에는 별 기대도 안했고 적응도 되지 않아서 그저 복잡한 심경이었는데 따뜻한 친구들과 진심으로 대해주는 선생님들 덕분에 차츰 마음을 열 수 있었습니다. 그리고 '고통' 뿐이었던 학창시절에 '즐거움' 이란 새로운 단어가 첨가됐어요. 지금은 원하는 대학에도 입학하고, 예전에는 상상도 할 수 없었던 충만한 하루하루를 보내고 있습니다.

어머니! 저와 둘이서 가정을 지켜간 지도 어느덧 십년이 넘는 세월이 흘렀네요. 어머니께서 얼마나 힘들게 사셨는지, 또 저 때문에 얼마나 마음 아파하셨는지 어떻게 제가 그 마음을 다 알 수 있을까요. 하지만 하나님께서 항상 함께하셨기에 그 모든 시련을 극복할 수 있었다는 생각이 듭니다.

저는 아직도 쓸데없이 불안한 내일을 걱정하고, 뒤돌아서면 후회할 일도 저지르는 철없는 아들입니다. 하지만 이제는 힘들다고 투정만 부리지는 않겠습니다. 아버지의 빈자리를 채울 수 있고 어머니에게 힘이 되어줄 수 있는 그런 듬직한 아들이 되겠습니다.

그리고 쑥스럽지만 고백하고 싶습니다. 어머니!! 사랑합니다!

이어서 한 학부모님의 편지가 학생들과 교사들의 마음을 찡하게 했다.

선생님들께

학교에 가는 아이의 뒷모습을 바라보며 지난해의 일들이 떠오릅니다.

중학교 3학년 말 갑자기 아이의 성적이 바닥으로 떨어지고 학교에서 말썽꾸러기로 낙인찍히기 시작했습니다. 교육에 관한 열의와 아이에 대한 애정은 여느 부모 못지않다고 자부해왔던 제게는 커다란 충격이었습니다. 자신을 표현하지 못했던 아이가 사실은 마음속에 반항 기질을 키워가고 있던 것입니다.

제가 교육이라고 믿었던 것이 아이에게는 억압이었고 욕심으로 다가왔었나 봅니다. '언젠가는 정신 차리고 제자리로 돌아오겠지' 라며 희망을 가지고 등하교까지 함께하며 아이와 일거수일투족을 같이했습니다. 아이를 위해서라면 어떠한 희생도 감수하기로 마음먹었습니다.

하지만 시간이 갈수록 완전히 아이의 볼모가 된 기분이고, 좌절감에서 헤어날 수가 없었습니다. 아이가 다니던 학교에 도저히 보낼 수가 없어서 전학까지 시켰지만 그 학교에서도 적응하지 못했습니다.

그러던 중 성산효마을학교를 알게 되어 학교를 방문했어요.

저는 그곳에서 아이들을 안아주시며 인사하는 선생님을 보았습니다. 놀랍기도 하고 가슴이 뭉클하기도 했습니다. 교육자인 저도 그렇게 해보지 못했기 때문입니다. 그렇게 효마을학교는 아이들을 사랑으로 안아서 교육을 하는 곳이었습니다.

이곳에서 아이도 숨통이 트이는 것 같았어요. 아이를 한 인격체로 대우해주시고, 각각의 눈높이를 맞추어 스스로 성장하기를 기다려주는 너그러운 곳, 이러한 관심과 보살핌 속에서 아이는 자신의 과거를 극복하고 스스로 설 수 있는 에너지를 충전해나갈 수 있었습니다.

요즘에도 거리에서 방황하는 학생들이 특히 눈에 들어옵니다. 많은 청소년이 범죄와 유혹에 노출되어 있기 때문에 자식 가진 부모는 누구든 긴장을 하고 저처럼 고민할 것입니다. 하지만 일반 학교에 적응 못한다고, 다른 학생들에게 걸림돌이 된다고 해서 쉽게 손을 놓아서는 안 됩니다. 어려운 아이일수록 따뜻한 시선으로 바라봐줄 수 있는 이런 대안학교와 같은 공간이 우리 아이들에게는 절실하게 필요합니다.

학교에 입학하고 많은 시간이 흘렀네요. 아이의 눈에 뭔가 해보겠다는 꿈이 꿈틀거립니다. 남들 눈에는 더딘 출발일지 모르지만, 저는 이제야 희망을 생각하게 되었습니다.

저는 아들을 보며 겸손을 배워요. 아직도 많은 시련이 기다리고 있고 인내가 필요하겠지만, 효마을 선생님들처럼 포기하지 않고 아이를 지켜볼 생각입니다. 앞으로 이 학교에서 미래의 꿈과 삶의 참 의미를 찾아가는 학생들이 많이 있을 것이라 생각합니다.

학교와 선생님께 진심으로 드리고 싶은 말이 있습니다. 너무나 고생 많으셨고 영원히 잊지 않을 것입니다. 정말 감사합니다.

굽은 나무가 선산을 지킨다는 말이 있다. 똑바로 자란 나무는 누군가의 눈에 띄어 벌채가 되지만 아무도 찾지 않던 굽은 나무가 선산을 지키며 파수꾼이 된다는 것이다. 이 아이들이 혹 거칠고 비뚤어지고 구부러져 보일지 몰라도, 하나님 앞에서는 모두가 사랑스러운 자녀일 뿐이며 또한 하나님은 이 아이들에게 꼭 맞는 길을 예비해두셨을 것이다. 그 길을 찾는 과정에서 부모와 교사들이 따스한 도움의 손길을 내밀어야 한다.

성산효마을학교 학생들이 일반 학교에서는 받지 못했던 관심과 사랑을 받으며 속이 단단한 나무로 자랄 것을 나는 믿는다. 부모님의 뜻을 헤아릴 줄 아는 자녀, 늘 하나님과 동행하는 자녀, 세상에서 쓰임 받는 자녀로 성장할 것을 믿는다. 아프고 외로웠던 만큼 다른 사람을 더 많이 안아줄 수 있는 진정한 그리스도인으로 자랄 것을 믿는다.

굽은 나무를 더 좋아하는 이유

내가 곧은 나무보다
굽은 나무를 더 좋아하는 이유는
곡선이 직선보다 더 아름답기도 하지만
굽었다는 것은 높은 곳만 바라보지 않고
낮은 것도 살폈다는 증표이기 때문이다.

내가 곧은 나무보다
굽은 나무를 더 좋아하는 이유는
곡선이 직선보다 더 부드럽기도 하지만 굽었다는 것은
더 사랑하고 더 열심히 살았다는 증표이기 때문이다.

땅에다 뿌리를 두고
하늘을 기리는 일이 어찌 쉬운 일일까.
비틀대며 살다보면 폭풍에도 흔들리지 않는
뿌리의 가치를 알게 되고
하늘 한 번 쳐다보고
땅 두 번 살피다 보면

굽지 않을 수 없는 일이다.

굽지 않을 수 없는 일이다.

- 구광렬

| 감사의 글 |

지난 일 년, 전국의 기독교 대안학교를 취재하고 원고를 쓰는 동안, 그리고 내 삶의 모든 순간에 함께하신 하나님께 감사와 사랑을 드립니다.

책을 쓰는 데 도움을 주신 여덟 학교의 모든 선생님과 학생들에게 깊은 감사의 마음을 전합니다. 그분들의 따뜻한 배려와 아낌없는 도움 덕에 책이 나올 수 있었습니다.

머릿속에만 있던 아이디어를 세상에 내놓을 수 있게 도와주신 21세기북스 이상우 팀장님, 멋진 책을 만들어주신 한세정 기획편집자님, 정말 고맙습니다.